한 송이 연꽃의
말없는 가르침

한 송이 연꽃의 말없는 가르침

초판 1쇄 발행 2010년 4월 3일

지은이 | 황명찬
사진 | 동증우
펴낸이 | 이의성
펴낸곳 | 지혜의나무
등록번호 | 제1-2492호
주소 | 서울시 종로구 관훈동 198-16 남도빌딩 3층
전화 | (02)730-2211 팩스 | (02)730-2210

ISBN 978-89-89182-55-9 03220

* 무단전제와 무단복제를 금합니다.
* 잘못된 책은 바꾸어 드립니다.

한 송이 연꽃의
말없는 가르침

황명찬 지음 | 동중우 사진

법화경 해설

지혜의나무

머리말

　내가 처음 법화경을 접한 것은 20여 년 전의 일이다. 그때 선지식한 분으로부터 묘법연화경을 전수받았는데 그것을 전해 주신 선생님은 나에게 백독(百讀)을 할 때까지 그 뜻을 알려고 하지 말고 무조건 독송하라고 하였다. 나는 그분의 말에 따라 20여 년간 무조건 독송하였다. 그렇게 하는 가운데 자연히 법화경의 가르침이 하나 하나 들어오게 되었고 내 마음의 눈도 열리게 되었다. 오늘에 이르러 나는 그 선생님이 왜 무조건 읽기만 하라고 하였는지 그 깊은 뜻을 알게 되었다.
　아마 그 당시에 내가 세속적인 분별의식으로 보통 세간의 서적을 읽듯이 읽었으면 법화경을 계속 읽지도 못하고 중도에서 포기하게 되었을 것이다. 과거에 그런 경험이 없지 않아 있었다. 내가 태국의 AIT 대학원 대학에서 교수로 있을 때 서점에서 영문판 법화경을 잠시 보았지만 전혀 흥미를 가질 수 없었고 한국에 와서도 어떤 분이 쓴 법화경 해설서를 보았지만 큰 흥미를 느낄 수 없었다. 그렇게 무조건 법화경을 읽고 법화 수행을 한 지 20여 년의 세월이 흘렀다.

그리하여 나는 이제 많은 사람들이 병든 사람에게 좋은 약과 같은 이 법화경을 접할 수 있게 안내서 같은 책을 쓰고 싶은 마음을 갖게 되었다. 법화경에서 부처님 스스로 말씀하셨듯이 법화경은 세상 사람들이 쉽게 이해할 수 있는 경전이 아니다. 그러기 때문에 내가 처음에 그랬듯이 많은 사람들이 이 경전에 큰 흥미를 갖지도 않고 접하려 하지도 않는다. 참으로 안타까운 일이 아닐 수 없다.

그리하여 법화경은 어떤 경전이며 이 시대의 사람들에게 왜 필요한 것인가, 그리고 법화경의 주요한 가르침은 어떤 것인가를 법화경에 입각하여 요약 정리하려고 하였다. 이러한 질문은 결국 법화경을 직접 읽고 독송하여 아는 것이 최상이지만 우선 이러한 가르침이 있다는 것을 보여 줌으로써 사람들이 그 경전에 흥미를 갖고 접하게 하는 것이 먼저 필요하다고 생각했다.

우리는 세상을 살아가면서 여러 가지를 배운다. 먹고 살기 위해서 필요한 지식이나 기술은 학교에서 다 가르쳐 준다. 그러나 사람으로 태어나서 사람답고 행복하게 사는 데 필요한 지혜는 공식적으로 가르쳐 주는 학교가 없다. 나는 묘법연화경이 바로 우리에게 사람답게 살고 행복하게 사는 지혜의 모든 것을 가르쳐 주는 경전이라고 생각하고 감히 그 해설서를 쓰기로 마음먹었다. 아무쪼록 많은 분들이 잠시나마 시비분별의 마음을 내려놓고 이 책을 읽고 묘법연화경이라는 지혜의 경전에 접하게 되길 진심으로 기원한다.

법화경은 총 28가지의 설법으로 구성되어 있다. 가급적이면 법화경의 순서에 따라 해설을 하였지만 수기품이나 공덕품 등 몇 개의 설법은 필요에 따라 한 곳에 모아 해설하였음을 밝혀 둔다. 그리고 초심자들의 이해를 돕기 위하여 원각경, 유마경 등 다른 경전의 설법을 핵심만 정리하여 부록으로 실었고 전문적인 불교의 용어 가운데 중요한 것을 해설하여 부록으로 실었다. 아무쪼록 이 해설서를 이해하는 데 다소나마 도움이 되었으면 하는 마음이다.

이 책의 원고를 정리하는 데 크게 도움을 준 김태훈 군, 이강식 팀장, 황제인 불자에게, 그리고 마지막 단계의 교정을 도와준 죽야 이명숙 보살에게 깊이 감사하고, 특히 책의 표지와 책 안에 들어간 참으로 아름다운 사진들을 흔쾌히 제공해 주신 KBS 동중우 부장님에게 특별히 고마운 마음을 표하고 싶다. 이번에도 이 책을 쾌히 맡아서 출간해 주시는 지혜의 나무 이의성 사장님과 편집팀 여러분의 노고에 감사를 드린다. 아무쪼록 그분들께 항상 부처님의 가호가 있길 기원한다.

2010년 3월
황명찬

목차

머리말 · 5

왜 법화 수행을 해야 하는가? · 11
법화경이란 어떤 경전인가 · 22
서품 : 법화경의 서막이 오르다 · 29
방편품 : 있는 그대로가 진실 · 34
비유품 : 마지막 탈출구 · 44
신해품 : 분뇨 치는 일에 만족했다 · 51
약초유품 : 자질대로 성취한다 · 58
수기품 : 부처가 되리라 · 64
화성유품 : 베이스 캠프는 잠시 쉬는 곳이다 · 77
법사품 : 법화경을 들으면 누구나 다 성불한다 · 88
견보탑품 : 진리를 보여 주다 · 94
제바달다품 : 악인도 성불한다 · 102
권지품 : 홍법의 서원 · 107
안락행품 : 행복한 생활을 만드는 법화 수행법 · 110
종지용출품 : 본화보살들 · 116
여래수량품 : 이곳이 바로 낙원 · 121
분별 및 수희공덕품 : 법화 수행의 공덕 · 130

법사공덕품 : 법사의 공덕 · 135
상불경보살품 : 아상(我相)을 버리고 인욕하라 · 139
여래신력품 : 부처님의 신비한 모든 것이 들어 있다 · 144
촉루품 : 널리 홍포하라 · 149
약왕보살본사품 : 말법시대에는 법화경이 약이다 · 152
묘음보살 및 관세음보살보문품 :
　　　　　여러 가지 모습으로 중생을 제도한다 · 161
다라니품 : 부처님의 수호와 가지(加持) · 170
묘장엄왕본사품 : 심층의 마음이 변해야 한다 · 174
보현보살권발품 : 실천 제일 · 179
성불을 하려면 법화 수행해야 · 184
한송이 연꽃의 말없는 가르침 · 187

부록1. 주요 경전의 가르침 · 193
부록2. 주요 용어 해설 · 223

왜 법화 수행을 해야 하는가?

불교는 붓다의 가르침을 말한다. 붓다는 깨친 사람을 말하는데 깨친다는 것은 사람과 사물의 진실된 모습을 있는 그대로 보는 지혜를 갖게 되는 것을 가리킨다. 붓다가 많지 않다는 것은 깨친 사람이 많지 않다는 것을 의미한다. 거꾸로 얘기하면 이 세상을 살고 있는 대부분의 사람들은 깨치지 못한 사람들이며 미망과 무명 속에 갇혀 있어 사람과 사물의 진실된 모습을 있는 그대로 보지 못한다. 그렇게 세상의 모든 것을 잘못 알고 있으므로 탐욕, 미움 등 나쁜 감정에 사로잡혀 '고통스러운' 생활을 하게 된다.

붓다는 2,500여 년 전에 위없는 바른 깨침을 얻은 후 우리들이 어떻게 하면 바른 깨침을 얻어 고통에서 해방되고 열반이라는 지복의 세계에 살 수 있는가를 가르쳤다.

붓다가 깨친 진리는 생활 세계에서 먹고 살기 위하여 싸움하듯 바쁘게 살고 있는 대부분의 사람들이 쉽게 이해할 수 있는 것이 아니므로 붓다는 48년간 기초부터 단계별로 가르쳤다. 붓다께서 깨친 후 바로 설한 화엄경은 깨달음의 세계와 깨달음에 이르는 수행의 과정과 단계를 설한 것으로 아무도 이해하는 사람이 없었다고 한다. 그리하여 초기 12년간은 주로 아함경을 가르쳤으므로 이 시기를 아함시라고 하는데 모든 사람들의 주 관심사인 '어떻게 하면 괴로움에서 해방될 수 있는가' 에 초점을 두고 가르쳤다.

① 모든 것은 괴로움이고 ② 그 괴로움에는 원인이 있고 ③ 원인을 제거하면 고통이 소멸하고 ④ 고통의 소멸에 이르는 여덟 가지 바른 길이 있다는 이른바 네 가지 성스러운 진리[四聖諦]나 모든 것은 인연 따라 생겼다가 인연이 다하면 소멸한다는 내용의 연기법(緣起法) 같은 것이 그것이다.

그 다음의 시기가 방등시로서 약 8년간 지속되었는데 유마경 같은 경전을 주로 설한 시기이며 이때부터 대승의 가르침이 시작되었다. 고통의 근본 원인은 결국 모든 것을 좋다 나쁘다, 있다 없다 등 두 가지로 나누어 인식하는 시비분별(是非分別)에 있으므로 그러한 것을 하지 말라고 가르친 것이다. 세상 사람들이 모든 것을 두 가지로 나누어 보는 데 대하여 모든 것은 둘이 아니라[不二]고 가르쳤다.

그 다음 단계의 가르침이 약 20년간의 반야시인데 이때는 중생 제도를 위하여 우리 마음에서 아상(我相)을 비롯한 모든 상(相)을 버려서 공(空)을 실현하라고 가르쳤다. 우리나라의 불교계에서 많이 읽는 반야심경이나 금강경이 바로 그러한 가르침이다. 물론 초기의 가르침도 공(空)이나 무상(無相)에 관한 것이었지만 후기에 와서 더욱 중점적으로 그리고 차원을 높여 가르쳤다.

붓다께서 열반하시기 전 마지막 8년간의 가르침이 법화경과 열반경이다. 8년간은 주로 법화경을 가르쳤고 돌아가시기 전 하루 동안 설하신 것이 열반경이다. 40여 년간의 준비 기간 동안 기초를 다 가르치고 나서 비로소 모든 사물의 참 모습인 실상진리를 설하였다. 그러므로 이 법화경이야말로 붓다께서 깨친 궁극적 진리를 총정리하여 가르친 경이다.

법화경에 와서 비로소 사람들은 누구나 다 불지혜(佛智慧)를 가지고 있어 본래 부처이고 이 세상은 고통의 세계가 아니고 바로 즐거운 곳이라고 설한다. 우리 마음에서 시비분별을 버리고 아상을 비롯한 모든 상을 버리고 나면 이곳이 고통의 땅이 아니라 행복의 땅이라고 선언한 것이다. 모든 강이 바다로 귀일되듯이 법화경 이전의 모든 가르침은 법화경이라는 큰 바다에 귀일한다.

법화경에서 붓다는 말법시대의 사람들에게 법화경이 가장 좋은 약이라고 하였다. 우선 우리는 말법시대라는 것이 무엇이며 왜 법화경이 그시대의 사람들에게 가장 효과적인 약이 되는지 알아야 하겠다.

붓다께서 위없는 바른 깨침을 얻고 처음으로 제자들에게 법을 설한 것을 초전법륜(初轉法輪)이라고 부른다. 처음으로 진리의 수레바퀴를 굴렸다는 뜻이다. 이와 같이 부처님의 설법을 전법륜이라고 하는데 자전거의 바퀴를 돌리고 한 동안 지나면 그 도는 힘이 점차 약해지다가 어느 시기가 되면 그 바퀴는 더 이상 회전하지 않고 정지하듯이 붓다께서 설하신 진리의 수레바퀴도 어느 정도의 시간이 지나고 그 힘이 점차 약화되어 정지하게 될 것이라고 한다.

이와 같이 붓다의 가르침이 점차 힘이 약화되어 세상이 어지럽고 혼란스럽게 되는 때를 이른바 말법시대라고 한다.

일반적으로 붓다께서 열반하신 후 첫 500년을 해탈견고(解脫堅固)라 하여 부처님은 안 계시지만 그의 가르침은 아직도 그 힘을 제대로 발휘하여 사람들이 수행하여 깨치고 모든 고통으로부터 쉽게 해탈하는 시기이다. 두 번째 500년을 선정견고(禪定堅固)라 하여 전 500년보다는 붓다의 가르침의 위력이 약화되었지만 아직도 사람들이 수행하여 선정에 잘 드는 시기이다. 이 두 500년을 합한 1,000년을 정법시대(正法時代)라 부른다.

그리고 나서 세 번째 500년을 다문견고(多聞堅固) 시대라 하여 사람들이 선정이나 해탈보다는 많이 듣는 데 관심을 쓰는 시대이다. 그리고 네 번째 500년이 탑상견고(塔像堅固) 시대인데 이때는 외형적인 불사(佛事)에 치중하고 자기 마음의 수행보다는 복을 비는 일에 치중한다고 한다. 이 1,000년을 상법시대(像法時代)라 하며 그때는 정법과 비슷한 불법이 유행한다고 한다.

정법과 상법시대가 끝나면 붓다의 가르침은 더욱 그 세력을 상실하게 된다. 그리하여 상법시대가 끝나고 만년간을 말법시대(末法時代)라고 하는데 그 첫 500년이 이른바 투쟁견고(鬪爭堅固)의 시기이다. 수행자들이 수행보다는 서로 싸우는 일에 열을 내는 시기이다.

특히 말법시대는 다섯 가지 특징이 있는데 겁탁(劫濁), 번뇌탁, 중생탁, 견탁(見濁), 그리고 명탁(命濁)이 그것이다.

첫째 겁탁이라는 것은 시대가 어지럽고 혼란스럽다는 것이다. 전쟁, 빈곤, 자연재해 등 여러 가지 재앙이 많은 시대이기도 하다.

두 번째 번뇌탁은 사람들이 세상 살기가 더욱 어렵게 되자 자연히 고민과 번민이 많아 괴로운 시대이다.

세 번째 중생탁은 사람들이 이전보다 더욱 탐욕스럽고 흉폭하며 더욱 서로 중오하여 대립과 갈등이 심화되는 때이다.

네 번째 견탁은 올바른 견해가 세력을 잃고 그릇된 견해와 삿된 견해들이 세상을 지배하여 더욱 사회가 혼란스러운 것을 말한다.

다섯 번째 명탁은 여러 가지 치료하기 어려운 질병으로 더욱 고통스럽고 건강한 생명력을 유지하기 어렵게 되는 것을 말한다.

이러한 다섯 가지 특징을 가진 말법시대를 오탁악세(五濁惡世), 즉 다섯 가지 점에서 혼탁한 악한 세상이라고 부른다. 우리가 살고 있는 이 생활세계를 보면 위에 말한 특징이 그대로 들어맞는다. 사람들이 점차 포악해지고 먹고 살기가 힘들자 마치 서로 죽이려는 듯이 경쟁하며 싸운다. 그리하여 대부분의 사람들이 먹고 사는 일에 정신없이 바쁘다 보니 마음 닦는 일 같은 것에는 전혀 관심이 없고 설사 관심이 있다 해도 수행할 시간이 없다. 결론적으로 말하면 오탁악세의 말법시대인 이 시대를 사는 사람들의 근기와 자질이 수행이란 관점에서 볼 때 매우 열등하다는 것이다.

이러한 사람들을 고통에서 구하고 깨달음으로 인도하려면 붓다 생존시나 정법시대의 사람들이 주로 하였던 수행법과는 다른, 보다 강력하고 손쉬운 수행법이 필요하다. 그러한 손쉽고 효과적인 수행법이 바로 법화 수행이다. 법화 수행이야말로 말법시대의 사람들에게 필요하고 적합한 수행법이다.

그러면 법화 수행이란 무엇이며 왜 그것이 이 혼탁한 시대에 필요하며 고통받고 있는 많은 사람들에게 효과적인 약이 되는가? 법화 수행은 법화경에서 설한 대로 수행하는 것을 말하는데 크게 두 가지로 볼 수 있다. 하나는 궁극적 진리를 설한 법화경을 받아들여 독송하고 쓰고 해설하는 것이며, 다른 하나는 지관(止觀)의 수행을 하는 것이다. 법화경을 독송하는 것은 우리가 보통 때 책 읽듯이 읽는 것이 아니다. 보통 때 우리는 책을 눈으로 읽고 머리로 그 뜻이 무엇인가를 헤아려 아는 것이다. 그러나 수행으로 경을 독송할 때는 소리를 내어 염송하는 것이다. 구태여 뜻을 알려고 이리저리 요량하지 않고 그냥 무조건 소리 내어 읽는 것이다. 그렇게 매일매일 독송하면 어느 때 그 경의 내용을 그냥 알게 된다. 그것은 붓다가 깨친 진리와 지혜의 빛이 모르는 사이에 우리를 변화시키기 때문이다. 마치 조그맣게 열린 사과가 햇볕을 계속 받아서 마지막에 붉고 먹음직스러운 사과가 되는 것과 같다.

법화 수행은 이와 같이 독송하는 것 이외에 틈나는 대로 좌선을 하여 혼란스럽고 산란한 우리의 마음을 다잡아 가다듬고 고요하고 고요한 적정(寂靜)의 상태로 유지하고 일체 모든 것이 본래 공(空)하여 있는 그대로 실상(實相)이라고 깊게 관하는 것이다. 호흡을 세던가 하여 마음을 조용한 집중 상태로 유지하는 것을 지(止)라 하고 그렇게 마음이 깊은 정(定)에 들면 일체 모든 것이 본래 공하여 있는 그대로 실상이라고 관하는 것을 관(觀)이라고 한다. 한마디로 법화경 독송과 지관의 명상을 하는 것이 법화 수행이다.

이러한 법화 수행은 먹고 살기 위하여 정신없이 바쁘게 살고 있는 이 시대의 사람들에게 아주 손쉽고 효과적인 수행법이다. 그러므로 붓다께서 법화경이 말법시대의 중생들에게 더 없이 좋은 약이라고 말씀하신 것이다. 이 시대를 사는 대부분의 사람들은 아침 일찍부터 출근 준비로 바쁘고 아침밥을 뜨는 둥 마는 둥 마치고 직장에 출근하고부터는 전쟁터와 같은 직장일로 그야말로 정신없이 바쁘게 살고 있다. 그들은 과거의 수행자들이 주로 해 왔던 방식의 수행을 할 수 있는 시간과 마음의 여유도 없지만 자질도 되지 않는다고 할 수 있다. 지친 몸을 이끌고 늦게 귀가하여 씻고 나면 잠자리 들기에 바쁘니 어려운 방법의 수행을 할 엄두도 못 낸다.

이와 같이 바쁘게 살고 있는 사람들이 그나마 할 수 있는 손쉬운 것이 틈틈이 경전을 독송하는 것이다. 그리고 그렇게 바쁘게 살고 있는 말법시대의 중생들을 위하여 특별히 남겨 두신 것이 법화경이다. 법화경의 독송만으로 깨쳐 성불한다는 것이 법화경에서 붓다께서 누누이 강조하여 하신 말씀이고 과거의 모든 부처님들 또한 법화 수행으로 성불하였다.

마음의 고향에서 아주 멀리 떠나 온 이 시대의 사람들은 2,500여 년 전의 사람들과 같은 수행법으로는 다시 마음의 고향으로 돌아가기 쉽지 않다. 보다 쉽고 보다 빠른 효과적인 수행법이 있어야 멀리 떠나 온 마음의 고향으로 돌아갈 수가 있으며 그 수행법이 바로 법화 수행이다. 요즘 누구나 비행기를 타면 빠르고 쉽게 미국에 갈 수 있는데 신대륙을 발견한 콜럼버스가 했던 것처럼 시간도 오래 걸리고 힘들게 범선을 타고 미국에 갈 필요는 없다. 마찬가지로 법화경이라는 쉽고 빠른 길을 놔두고 2,500여 년 전에서부터 수행자들이 해 왔던 힘들고 어려운 수행법을 답습할 필요는 없다. 그리고 그렇게 하지 말라는 것이 부처님의 뜻이기도 하다. 그러므로 법화 수행은 출가 수행자는 물론 재가 불자들에게 있어서 특히 필요한 수행법이라고 할 수 있다.

법화경을 독송만 하여도 마음이 열리고 견성하여 성불할 수 있다는 것을 누구나 쉽게 믿기는 어렵다. 그러나 우리는 그것을 믿어야 한다. 말법시대에 붓다는 경(經)의 형태로 그 모습을 나타낸다고 하였다. 그리하여 법화경은 부처님의 모든 진리와 신통하고 비밀스러운 모든 법력(法力)이 다 들어가 있다. 그리고 법화경이 가지는 그러한 신비스러운 힘의 작용으로 그것을 믿고 수행하는 사람의 마음이 정화되고 바뀌어 견성하고 깨치게 된다.

선종을 중국에 전한 달마대사가 가지고 왔다는 유일한 경전인 능가경에 보면 수행자가 깊은 선정에 드는 것도 깨치는 것도 부처님의 가지력(加持力)의 도움 없이는 안된다고 한다. 법화경은 곧 부처님이고 법화경을 수지하는 것은 곧 부처님을 수지하는 것이 된다. 그리하여 법화경을 독송하면 곧 부처님의 모든 법과 신통력과 지혜의 빛을 그대로 받아 마음이 정화되고 자기 자신이 본래부터 갖추고 있는 불지혜(佛智慧)가 열려 결국 성불하게 된다. 중국의 혜사대사는, "법화

경은 대승의 단박에 깨치는 법[頓悟]이며 스승 없이 스스로 깨쳐[無師自悟] 곧바로 부처 이루는 길이니 온갖 세간 사람들이 믿기 어려운 법문이다. 모든 배우는 사람들이 대승을 구하여 온갖 보살의 지위를 뛰어넘어 바로 부처를 이루고자 하면 반드시 지계(持戒), 인욕(忍辱)으로 정진하여 부지런히 선정(禪定)을 닦고 마음을 오로지하여 법화삼매를 힘써 배워야 한다."고 법화 수행의 우수성을 지적하고 있다.

  사람은 누구나 다 부처의 씨앗[佛性]을 가지고 있다. 그러나 그것은 인연이 없으면 성불이라는 꽃을 피울 수 없다. 마치 예쁜 꽃의 씨앗이 시절 인연을 만나야 싹이 돋고 자라서 예쁜 꽃을 피우듯이 법화경을 만나서 그것을 수지 독송하는 인연이 없으면 성불이라는 열매를 얻을 수 없다. 법화경에서 부처님은 법화경의 한 구절[一句一偈]만이라도 수지 독송하는 사람은 다 성불할 것이라고 설하였다. 그러므로 '나무 묘법연화경'이란 제목만을 수지하고 봉창하여도 누구나 다 성불한다. 이 얼마나 행하기 쉬운 일인가. 글을 몰라도 되고 설사 글을 안다고 하여도 경속에 있는 '제법실상'이나 '일체종지'라는 말이 무슨 뜻인지 몰라도 상관없다. 경을 읽을 시간이 없거나 여러 가지 사정으로 읽을 수 없거나 읽을 줄 모르면 그냥 '나무묘법연화경' 하고 소리내어 봉창하거나 마음속으로 하면 된다. 그리하여 때가 되면 자연히 그 뜻을 알게 되고 성불하게 된다. 이것이 바로 불가사의한 일이며 석가모니 본불과 본불 자체인 묘법연화경이 가진 신묘한 힘의 작용이다.

  사람의 이름이 그 사람을 대표하고 '삼성'이란 이름이 삼성이란 기업 전체를 대표하는 것처럼 법화경이란 제목이 법화경 전체를 대표한다. 법화경 이전에 설한 모든 경전이 법화경 하나에 귀일되고 법화경은 그 제목으로 대표된다. 법화경을 수지하는 것이 부처님[佛身]을 수지하는 것이라고 하니 내가 법화경을 수지 독송하거나 제목 봉창하는 것은 곧 본불(本佛)과 법화경과 내가 하나가 되는 것이다.

법화경을 수지 독송하면 그 공덕은 무량 무변하다. 법화경에는 그 공덕에 대하여 곳곳에 자세히 설해져 있지만 몇 가지만 간단히 소개하여 보면

첫째, 모든 지혜를 자연히 얻고 성불한다.

둘째, 항상 근심 걱정이 없다.

셋째, 현세에 편안함을 얻고 세상의 즐거움을 얻고 열반(nirvana)의 즐거움을 얻는다(약초유품).

넷째, 세상을 살아가며 사자처럼 항상 두려움이 없다.

다섯째, 수지 독송하는 사람의 액운을 막아 주고(다라니품의 내용) 엄청난 신통력과 지혜를 가지신 모든 부처님이 함께 그 사람을 지켜 준다[千佛共守].

여섯째, 수지 독송자가 임종할 때 모든 부처님[千佛]이 그를 선처(善處)로 인도해 간다.

그러므로 법화경을 수지 독송하고 설한 대로 수행하는 불자(佛子)에게 이 고통의 세계는 그대로 즐거움의 세계가 된다.

법화경이란 어떤 경전인가

붓다께서 무상의 정각을 이루신 후 48여 년간 설법을 하였는데 마지막 8년간의 설법이 법화경이다. 붓다의 설법은 그 역사적 맥락에서 보면 얕은 데서 점차 깊은 데로, 낮은 데서 점차 높은 단계로 진행되었다고 볼 수 있다. 그것은 마치 요즘 교육이 초등 단계에서 중등과 고등 단계를 지나 대학 및 대학원의 높은 단계의 교육으로 진행되고 있는 것과 같다.

첫째로 법화경은 절대적이며 궁극적인 진리를 설한 경전이다(說無分別法). 초기의 가르침은 일반 사람들이 진실이라고 믿는 바를 모두 부정하기보다는 설법의 편의상 그들이 믿는 것을 토대로 가르침을 폈다. 사람들이 실제로 존재한다고 믿는, 보이는 현상을 일부 인정하면서 또 어떤 것은 실체가 없다고 부정한다. 예를 들면 초기에는 모든 것이 고(苦)라고 설하고 그 고의 원인을 제거하면 고에서 해탈한다고 하였다. 그러나 어느 단계에 이르러서는 '있다[有]'고 하는 모든 것은 실체가 없이 공(空)하다고 설하였다. 고 · 집 · 멸 · 도도 없다[無苦集滅道]고 설한다. 그러나 마지막 단계인 법화경에 와서는 있음과 없음을 모두 떠난 중도실상(中道實相)을 설하게 되었으며 그것을 무분별법(無分別法)이라고 표현하고 있다. 그러므로 법화경은 붓다가 설한 모든 경의 왕이라고 한다. 법화경의 화성유품은 ① 여래가 열반할 때가 되고 ② 중생들의 마음이 청정하고 믿음이 견고하며 ③ 공법을 통달하고 ④ 깊이 선정에 드는 때 비로소 법화경을 설한다고 말한다. 다시 말하면 들을 준비가 되고 어느 정도 자질이 갖추어진 후에 비로소 궁극적 진리를 설한다는 것이다.

둘째로 법화경은 누구나 다 부처가 될 수 있는 자질을 가지고 있다는 것을 보여 주고 깨닫게 하여, 성불하게 하는 가장 쉽고 빠른 확실한 길이다. 오히려 법화경은 누구나 다 본래부터 부처라고 선언하고 있다고 볼 수 있다. 과거의 모든 부처님들이 모두 법화경을 듣고 그에 따라 수행하여 성불하였고 어떤 사람이라도 법화경 한 구절이라도 듣고 기뻐하면 모두 성불한다. 법화경의 한 구절이라도 듣고 한 생각 기쁜 마음을 내면, "내가 다 무상의 깨침을 약속하노라." 하거나, "모든 무상의 깨침은 다 이 경에 속한다."고 붓다는 설한다.

셋째 법화경은 붓다의 모든 불법 진리와 모든 신통한 힘과 모든 비법을 다 갖고 있기 때문에 누구라도 한 순간 믿는 마음으로 법화경을 접하여 한 구절이라도 듣고 받아들이면 자기도 모르는 사이에 그 마음이 깨끗하게 바뀌어 깨치고 성불한다. 이것이 바로 법화경만이 갖는 신묘한 힘이다.

넷째 법화경은 모든 사람들이 고통에서 해방되게 하고[皆令離苦] 편안한 즐거움을 얻게 하고[得安隱樂] 세상의 즐거움을 얻게 하고[世間之樂] 그리고 니르바나의 즐거움[及涅槃樂]을 얻게 한다. 다시 말하면 법화경은 우리에게 편안함과 행복함과 즐거움을 주는 묘약(妙藥)이요 비법(秘法)이다. 특히 이 법화경은 말법시대를 사는 요즘 사람들에게 절대적으로 필요한 약이 된다.

다섯째 법화경을 독송하고 그에 따라 수행하면 법화경의 진리와 힘이 그대로 우리에게 체화(體化)되어 곧 부처의 몸을 지니게 된다[若有能持 卽持佛身]. 부처의 몸을 지니게 된다는 것은 곧 부처가 된다는 뜻이다.

마지막으로 그렇기 때문에 법화경은 아무나 접할 수 있는 경전이 아니다. 그 동안 많은 공덕과 선업을 쌓고 자비심을 갖고 올바른 수행의 길로 가고 있으며, 그리하여 부처님들이 마음으로 보호하는 사람들이라야 법화경을 접할 수 있다. 그리고 ① 게으른 사람 ② 아만과 아상이 가득한 사람 ③ 지혜가 적은 사람 ④ 재물 등 다섯 가지 욕망에 집착하는 사람들은 법화경을 접할 수도 없겠지만 설사 접한다 하더라도 그 뜻을 알 수 없고 자칫하면 경을 비방하는 무거운 죄를 짓기 쉽다.

법화경은 총 28품의 설법으로 구성되어 있다. 처음에는 그동안 중생들의 근기를 생각하여 방편으로 성문승, 연각승, 보살승의 삼승(三乘)을 설했음을 여러 가지 비유를 들어 설명한다. 이제 어느 정도 준비가 되었으므로 누구나 다 부처가 될 수 있는 일불승(一佛乘)을 설하는데 그것이 바로 이 법화경이며 그것은 모든 시비분별을 떠난 절대적인 진리이며 모든 현상의 진실된 모습(諸法實相)을 설하는 것이다. 이어서 소승의 제자들에게 장차 성불할 것이라고 예언을 하는 수기(授記)가 이어지고 법화 수행은 어떻게 하는 것인가가 설해진다. 법화경을 듣고 설한 대로 수행하면 누구나 다 성불하기 때문에 그 법회에 참석한 성문 제자들 모두 수기를 받게 된 것이다.

중반부에 들어와서 상주불멸하는 본불(本佛)이 등장하고 생사(生死)의 현실 이대로 곧 열반이요 고해가 곧 낙원이라고 설해진다. 그리고 중반부에서는 수행의 모델로서 인욕 수행이 상불경보살, 아상(我相)을 버리는 약왕보살, 중생을 제도하는 묘음보살과 자비의 상징인 관세음보살, 그리고 마지막으로 실천의 상징인 보현보살 등의 행적이 설해진다. 처음에 등장하는 지혜의 상징 문수사리보살과 장차 부처가 되어 이 세상에 온다는 미륵보살까지 포함하여 이 보살들은 모두 불교 수행의 핵심인 지혜, 인욕, 자비 등을 상징적으로 보여 준다.

법화경의 가르침을 이해하는 데 있어서 중요한 분류가 몇 가지 있는데 그중의 하나는 적문(迹門)과 본문(本門)의 분류이다. 적문은 이른바 역사적 차원의 부처님의 가르침을 말하고 본문은 본불에 의한 궁극적 차원의 가르침을 말한다. 제 1 서품에서 제 14 안락행품까지를 적문이라고 하고 제 15 종지용출품에서부터 제 28 보현보살권발품까지를 본문이라고 한다. 본문을 제 15 종지용출품에서 제 22 촉루품까지 8품을 본문으로 보기도 한다. 제 16 여래 수량품에서 부처님은 그 수명이 장원(長遠)하며 상주불멸(常住不滅)하다고 하여 그 부처님을 본불이라고 하고 인도에서 2,500여 년 전 탄생하여 80여 년간 생존하다 열반하신 이른바 역사적인 부처님을 적불이라고 한다. 적불의 가르침이 적문이고 본불의 가르침이 본문이 된다.

이러한 천태지자 대사의 분류에 대하여 감산 대사는 제 2 방편품의 가르침에 따라 제 2 방편품에서부터 제 10 법사품까지를 부처의 지혜를 여는[開佛知見] 가르침, 제 11 견보탑품을 부처의 지혜를 보이는[示佛知見] 가르침, 제 12 제바달다품에서 제 22 촉루품까지를 부처의 지혜를 깨닫게 하는[悟佛知見] 가르침, 그리고 제 23 약왕보살본사품에서 제 28 보현보살권발품까지를 부처의 지혜에 들어가는[入佛知見] 가르침으로 분류한다. 이 분류는 부처님이 세상에 출현하는 목적은 중생들에게 부처의 지혜를 열어서 보여 주고 깨닫게 하고 들게 하는 데 있다는 방편품의 가르침에 근거하고 있는 것이다. 중생들은 누구나 다 부처가 될 수 있는 자질[佛性]을 가지고 있으며, 누구나 다 본래부터 갖추고 있는 부처의 지혜를 열어 보여 깨닫게 하고 들게 하는 것이 부처님의 본래 서원이라는 것에 근거한 분류로서 법화경 전체의 가르침을 이해하는 데 크게 도움이 되는 매우 흥미로운 분류법이다.

또한 감산 대사는 법화경의 제 22 촉루품까지가 신해(信解)에 해당하고 제 23 약왕보살품부터 마지막 품까지를 행증(行證)에 해당하는 가르침이라고 한다. 신해는 믿고 이해하는 것이고 행증은 실천하여 증득(證得)하는 것을 말하는데 이러한 분류는 수행 과정의 입장에서 본 분류이다. 법화 수행은 부처님의 가르침을 우선 믿고 그 가르침을

이해하는 데서 출발하며 그 가르침을 실천하고 행하여서 몸과 마음으로 철저히 아는 증득으로 끝난다고 보는 것이다.

　이와 같이 독자들의 이해를 돕기 위하여 세 가지 종류의 분류를 소개하였지만 그러한 분류는 하나의 참고에 불과하므로 너무 지나치게 엄격히 분류에 얽매이면 오히려 법화경의 올바른 이해에 장애가 될 수도 있음을 주의할 필요가 있다. 그것은 제 14 안락행품이 설한 지관(止觀)의 법화 수행을 통하여 지해(知解)를 넘어 증오(證悟)를 성취할 수도 있기 때문이며, 역사적 차원의 가르침과 궁극적 차원의 가르침이 각 품마다 섞여 있는 경우가 많기 때문이다. 예를 들어 적문에 해당하는 방편품이 역사적 차원의 가르침뿐만 아니라 궁극적 차원의 가르침도 포함하고 있음을 발견하게 된다. 이러한 법화경에 대한 예비 지식을 가지고 지금부터 한 품 한 품 주요한 가르침을 찾아보기로 한다.

서품
법화경의 서막이 오르다

 법화경을 설한 장소는 인도의 왕사성에 있는 기사굴산이란 독수리 같이 생긴 큰 바위가 있는 산이다. 이 역사적인 큰 법회는 사리불, 마하가섭 등 많은 붓다의 제자들과 문수사리보살, 관세음보살 등 많은 보살들과 그 외에도 아사세왕과 그의 권속 등 실로 많은 대중들이 모여 있었다. 석가모니 붓다는 그때 대승경전인 무량의경을 설하시고 결가부좌한 채 무량의처삼매에 들어 고요히 앉아 있었다. 그러면서 붓다는 미간에서 밝은 빛을 내고 동방의 만팔천 세계를 비추어서 그곳에 있는 온갖 중생들이 태어나서 사는 모습을 보여 주고 또한 사람들이 여러 가지 방법으로 불도를 닦는 모습을 보여 준다.

 말하자면 지옥에서부터 천상에 이르기까지 중생들이 그 업에 따라 태어나서 갖가지 모습으로 살다가 죽는 과정을 보여 준다. 어떤 업을 어떻게 지어서 어떤 시대에, 어떤 나라에, 어떤 가정에, 어떤 모습의 중생으로 태어나서 어떤 모습으로 살다가 어떤 모습으로 죽는가를 낱낱이 보여 준다. 또한 많은 불자들과 출가수행자인 비구와 비구니, 그리고 보살들이 어떤 방법으로 어떻게 수행하는지를 다 보여 준다. 어떤 보살은 무상의 깨침을 얻기 위하여 가정을 떠나고 재물을 보시하고 심지어는 자신의 손발이나 몸까지도 버리는 것을 보여 준다. 그리고 부처님들이 중생들에게 여러 가지 법을 설하고 열반에 드는 모습을 보여 준다.

우리가 만일 태어나서 살다가 죽는 모든 과정을 미리 보고 알 수 있으면 바람직스럽지 않은 삶은 피하고 옳은 선택을 할 수 있을 것이다. 만일 사람들이 도박을 하다가 가산을 다 탕진하고 망하는 것을 미리 볼 수 있고, 한 순간 화를 참지 못하여 사람을 죽이고 잡혀서 사형당하는 것을 미리 알 수 있고, 관직에 나아가 승승장구 출세하다가 업자로부터 뇌물을 받은 것이 발각되어 결국 감옥에 가고 패가망신하는 것을 미리 알게 되고, 난잡한 성 생활을 하다가 에이즈에 걸려 고통받다가 죽게 되는 것을 미리 알 수 있다면, 더구나 그러한 모든 것이 자기가 전생에 지은 모든 죄업의 과보라는 것을 알게 된다면 그러한 우매한 짓을 하지 않고 올바른 길을 가게 될 것이다.

그리고 붓다의 설법을 듣고 수행하여 고통에서 해탈하여 편안하고 즐겁고 행복한 생활을 하다가 평화롭게 생을 마감하는 것을 미리 보게 되면 누구나 평화롭고 행복한 삶의 길을 택하게 될 것이다.

지금 청법 대중에게 부처님께서 신통력으로 보여 주는 광경은 바로 그러한 교육적인 효과를 가진다. 여러 가지 사는 모습을 모두 보여 줌으로써 저렇게 사는 것은 고통으로 가는 길이고 이렇게 사는 것이 바르게 잘 사는 길이라고 직접 눈으로 보고 알게 해주는 것이다. 믿기 어려운 진리는 아주 특별한 방법으로 전달하지 않으면 잘 받아들여지지 않는다. 지금 누군가가 '외계에서 왔다'고 말하면 사람들이 믿지 않을 것이다. 그런데 그 말하는 사람이 신통력으로써 외계에서 오는 광경을 실제로 보여 준다면 사람들이 그것을 쉽게 믿는다.

부처님은 설법하시면서 필요에 따라 자주 신통력을 발휘하여 필요한 광경을 연출하였는데 특히 법화경에서 자주 그것을 사용하신다. 그렇게 하여서 때로는 청법 대중에게 큰 호기심을 일으키기도 하고 때로는 의심을 버리고 믿음으로 설법을 듣고 받아들이게 한다. 특히 그것은 일종의 시청각 교육과 같아 눈으로 직접 봄으로써 사람들이 쉽게 이해하게 만든다. 말 그대로 한 번 보는 것이 백 번 듣는 것보다 낫기 때문이다.

이러한 광경을 보고 미륵보살이 문수보살에게 붓다께서 왜 이러한 광경을 보여 주는 것인가고 묻는다. 문수보살은 과거 여러 부처님들이 모두 큰 법문을 설하기 전에 항상 이러한 광경을 연출했었다고 대답한다. 그래서 오늘 석가모니 붓다께서도 세상 사람들이 믿기 어려운 법[一切世間難信之法]을 설할 것이라고 한다.

그러면서 문수보살은 아주 오래전 과거에 일월등명불이라는 이름의 부처님이 있었는데 그를 따라 출가한 8명의 왕자와 그의 스승인 묘광보살이 있었다고 말해 준다. 그때 그 부처님도 지금처럼 무량의경을 설하고 난 후 경이로운 광경을 연출하였다. 그리고 나서 묘광보살 등 제자들에게 묘법연화경을 설하였다. 그 부처님이 열반하시고 묘광보살이 뒤를 이어 묘법연화경을 오랫동안 설했는데 8명의 왕자들이 모두 법화경을 듣고 수행하여 모두 무상의 바른 깨침을 얻었다고 문수보살이 미륵보살에게 설명해 준다. 그때 왕자 중 마지막으로 깨친 이가 연등불이다. 연등불이 석가모니불의 전신인 선혜보살에게 장차 부처가 될 것이라고 수기를 준 부처님이시다.

이 서품에서 특히 유념할 것은 일월등명불이 열반하시기 전에, "나는 너희들에게 모든 현상의 진실상[諸法實相義]을 다 말했다. 나는 오늘 밤중에 열반에 들 것이니 너희들은 일심으로 정진하라." 하고 말한 사실이다. 다시 말하면 묘법연화경은 모든 현상의 진실상을 설한 경이며 마지막 단계에 이르러 설하는 것으로서 그것은 세상 사람들이 믿기 어려운 진리라는 것이다. 이 서품의 가르침은 첫째 부처님은 열반하시기 전에 이르러 제법실상을 설하고, 둘째 제법실상을 설하는 경이 바로 묘법연화경이며, 셋째 실상진리를 설한 묘법연화경을 듣고 통달하면 성불한다는 것이라고 요약할 수 있다. 그리고 연등불 등 모든 과거의 부처님들은 모두 묘법연화경을 듣고 수행하여 무상의 큰 깨침을 얻고 성불하였다는 사실이다.

방편품

있는 그대로가 진실

법화경은 우리 눈 앞에서 전개되고 있는 한 편의 연극과 같이 그 무대도 다양하고 등장하는 인물도 다양하고 그 무대에서 벌어지는 사건들도 다양하다. 그러나 그러한 다양한 무대와 사람과 사건을 통하여 일관되게 보여 주고 우리로 하여금 그것을 깨닫게 하려고 하는 것은 오직 한 가지이다. 그것은 다름 아니라 우리는 누구나 다 성불할 수 있다고 하는 사실이다. 우리는 이러한 점을 염두에 두고 방편품부터 아주 주의 깊게 이러한 놀라운 광경과 사건과 그것을 통한 설법을 듣고 깨달아야 하겠다.

드디어 부처님은 오랜 삼매에서 나오시어 10대 제자 중 지혜제일이라는 사리불에게 말씀한다.

"모든 부처님의 지혜는 매우 깊고 한량없으며[諸佛智慧甚深無量] 그 지혜의 문은 이해하기도 어렵고 들어가기도 어려워[其智慧門難解難入] 너희와 같은 소승 제자들은 알 수가 없다."

그동안 부처님이 수행하여 깨달으신 여래의 지혜는 그 깊이와 끝을 헤아릴 수 없는 것으로서 일반 사람들은 이해하기도 어렵고 믿기도 어렵다고 선언하신 것이다.

그렇게 제일 어렵고 희유한 진리는 오직 무상(無上)의 진리를 깨친 부처님들만이 아실 수 있는 것으로 그것이 이른바 제법실상(諸法實相)이라고 하는 것이다. 제법이라는 것은 모든 사물과 현상을 의미한다. 우리가 사는 이 세상의 모든 차별적 현상과 사물을 제법(諸法)이라고 한다. 부처님은 사리불에게 모든 현상은 '있는 그대로' 모두 실상(實相) 즉 진리라고 밀한다. 모든 깃은 있는 모습 그대로[如是相], 있는 성질 그대로[如是性], 있는 몸체 그대로[如是體], 있는 힘 그대로[如是力], 있는 작용 그대로[如是作], 있는 원인 그대로[如是因], 있는 연의 조건 그대로[如是緣], 있는 결과 그대로[如是果], 있는 과보 그대로[如是報] 모두 실상이요 진리이다. 근본과 지말 역시 궁극적으로는 같고[如是本末究竟等] 그것 역시 있는 그대로 실상이요 진리라고 한다. 여시(如是)라는 말은 있는 그대로를 나타내는 것으로 있는 그대로의 진리를 진여(眞如)라고 한다.

꽃은 꽃대로 진실상이고 산은 산대로 진실상이다. 뱀은 뱀대로 진실상이고 구더기는 구더기대로 진실상이요, 키 큰 사람은 키 큰 사람대로 진실상이고 파도치는 바다는 파도치는 바다 그대로 진실상이고 조용한 바다는 조용한 바다 그대로 진실상이다. 화내는 사람은 화내는 사람 그대로 진실상이고 조용한 사람은 조용한 사람 그대로 진실상이다. 모든 현상과 사물과 사람을 있는 그대로 진실하게 보려면 한 가지 조건이 전제되어야 가능하다. 그것은 시비분별의 마음을 초월하는 것이다.

그러므로 방편품을 비롯한 법화경 곳곳에서, 특히 안락행품이나 여래수량품에서 모든 현상은 그 본성이 공(空)하므로 분별하지 말고 있는 그대로 보라고 되풀이하여 강조한다. 그러므로 부처님이 깨치시고 이 법화경에서 설하시는 궁극적 진리는 우리 범인의 사량분별로는 도저히 알 수 없는 것[是法 非思量分別之所能解]으로서 오직 부처님만이 아신다고 하며 그러므로 믿기도 어렵고 이해하기도 어렵다고 하는 것이다.

이 세상을 살아가는 사람들은 시작을 알 수 없는 아주 오래전부터 모든 사물과 현상을 이것과 저것, 나와 너, 있다와 없다, 길다와 짧다 등 모든 것을 서로 상대가 되게 두 가지로 나누어 보는 습성이 생겼다. 이것이 우리 인간의 근본 무명(根本無明)이요 미혹함이다. 기독교의 성경은 이것을 선악과의 비유를 들어 보여 준다. 그렇게 모든 것을 두 가지로 나누어 보는 것을 시비분별(是非分別)이라고 하는데 일반 사람들은 그렇게 나누어 만든 차별의 상[差別相]을 진실이라 믿고 집착한다. 그러나 그것은 상대적인 진리이지 절대적이며 궁극적인 진리는 결코 아니다. "까마귀는 흉한 새다."라는 것이 진실이라면 미국 사람에게도 일본 사람에게도 그것이 진실이어야 하지만 사실은 그렇지 않다.

그래서 부처님은 그러한 일반 사람들의 습성을 고쳐 진실을 바로 보게 하기 위하여 약 20여 년간 반야 계통의 경전에서 모든 것은 본성이 비어[空] 있다고 가르쳤다. 까마귀의 본성이 비어 있으므로 까마귀가 '흉하다' 는 것은 다만 우리의 분별일 뿐이라는 것이다. 그 반대로 까마귀가 길하다는 것도 마찬가지로 그릇된 분별이다. 이러한 분별을 떠나서 사물을 있는 그대로 볼 때 우리는 궁극적이며 절대적인 진리에 눈뜨게 된다. 모든 분별을 떠나 사물을 있는 그대로 보는 사람이 깨친 붓다요 그렇게 보는 것[知見]을 부처의 지혜[佛知慧]요 여래의 지혜[如來知慧]라고 부른다. 부처의 지혜 또는 부처와 같이 보고 아는 능력[佛知見]이 바로 무분별의 지혜[無分別智]요 둘이 아닌 지혜[無二智]이다. 범부중생의 식견이 분별의 지견임에 비하여 깨친 붓다의 지견은 무분별의 지혜이다. 그리하여 열반경 종요는, "부처가 되는 것은 무분별지가 드러난 결과이다[佛果是無分別智所顯]."라고 말한다.

그러나 법화경에 이르러 다시 모든 것이 비어 있다는 가르침에서 한 걸음 더 나아가서 모든 것은 있는 그대로가 진리라고 설한 것이다. 그렇기 때문에 화성유품에서 부처님은 모든 중생들이 공을 통달한 후에 비로소 법화경을 설한다고 말씀하신 것이다.

비록 우리가 살고 있는 상대세계에서는 편의상 필요하여 분별을 할지라도 분별을 통하여 사물과 현상을 인식하는 것이 궁극적 진리가 아니기 때문에 법화경에서 모든 분별을 떠나라고 한다. 우리가 그렇게 분별의 집착 없이 보면 모든 것은 있는 그대로 진실상이라고 하는 것이다. 이 점이 법화경의 첫머리에서부터 지금 설하려고 하는 것은 '분별을 떠난 진리[無分別法]' 이고 상대적인 분별의 지견으로는 결코 이해할 수 없는 것이라고 한 이유이다.

이 법화경을 이해하기도 어렵고 믿기도 어렵다고 하는 또 한 가지 이유는, 앞으로 설명하겠지만 이 법화경은 부처님의 모든 신묘한 법과 힘을 다 포함하고 있으므로 이 경을 수지 독송하고 설한 대로 수행하면 누구나 다 성불하게 된다는 사실이다. 이것은 우리가 알 수 없는 부처님의 힘과 그가 설한 법화경의 신묘한 힘의 작용으로 깨치게 된다는 것이다. 말하자면 이 법화경은 부처님의 모든 진귀하고 신통한 불법의 보물을 보관하고 있는 금고이고 그 경을 수지 독송하는 것은 그 금고를 열고 그 속의 보물을 곧 얻게 되는 것과 같은 것이다. 이것은 너무 쉽기 때문에 사람들이 설마 그럴까 하고 잘 믿지 않는 것이다. 사람들은 귀한 것, 값나가는 것은 아주 힘들게 노력해야 얻을 수 있다고 흔히 생각한다. 역사적 부처님 자신도 6년간의 고행 끝에 성불하시고 역대 선사들이 산속 암자에서 사생결단하고 잠도 자지 않고 몇 십 년씩 참선 수행하는 것을 보아 왔기 때문에 그렇게 생각하는 것도 무리는 아니다.

　그러므로 세상 사람들이 믿기도 어렵고 이해하기도 어렵다고 하는 것이다. 법화경은 이 고정관념을 처음부터 깨고 있다. 과거의 모든 부처님들이 모두 법화경을 듣고 깨쳤다고 보여 주고 설명해 주고 있다. 부처님이 세상에 나오신 유일한 이유는 모든 중생들에게 부처님처럼 모든 사물을 있는 그대로 보는 지견[佛知見], 즉 부처님의 지혜[佛知慧]를 열어서[開], 보여 주고[示], 알게 하고[悟], 그 지혜에 들게[入] 하기 위한 것이라고 한 것이다. 다시 말하면 모든 사람들이 부처님과 똑같이 되게하는 것, 즉 성불하게 하는 것이 부처님이 이 세상에 나오신 유일한 이유라는 것이다. 그것은 사람은 누구나 다 부처가 될 수 있는 자질[佛性]을 갖추고 있으며 그것을 보여 주고 가르쳐서 스스로 깨치게 하는 것이 부처님의 소원이라는 것이다.

그러므로 화엄경에서도, "이상하고 이상하구나. 부처님이 갖추고 있는 지혜가 몸속에 있는데 어찌하여 알지도 보지도 못하는가. 나는 마땅히 중생들을 가르쳐 거룩한 도를 깨닫게 하고… 그들로 하여금 부처의 지혜가 그 몸속에 있어 부처님과 다르지 않음을 모두 깨닫게 하리라." 하고 설하고 있다. 그리고 법화경 방편품은 아이들이 장난으로 모래 위에 불상을 만들거나 어떤 사람이 산란한 마음으로 불탑을 향해 '나무불' 하고 염하여도 모두 다 이미 성불하였다고 설하고 있다. 이것은 모든 사람들이 본래부터 깨친 붓다라는 것을 말하는 것이다. 다만 많은 사람들이 그것을 모르고 있을 뿐이다. 그것은 마치 어떤 사람이 집안의 땅속에 금덩이가 묻혀 있지만 그것을 모르고 가난하게 사는 것과 같은 것이다.

이와 같이 시비분별을 떠나야 절대 진리를 알 수 있고 모든 현상과 모든 사람을 평등하게 볼 수 있고 평등하게 보아야 자비심을 가지고 고통 속에 있는 사람들을 구할 수 있는 것이다. 이 법화경을 설하기 직전에 설한 것이 무량의경인데 그 경에서 부처님은 최고의 깨침을 얻으려는 수행자는 모든 현상이 본래부터 그 본성과 모양이 공적(空寂)하여 큰 것도 없고 작은 것도 없고, 생함도 없고 멸함도 없고, 모두 허공 같아 두 가지 것이 없다고 응당 관해야 한다고 설하며 무한한 뜻을 가진 한 가지 진리는 바로 무상(無相)이라고 말씀한다. 이와 같은 무상이란 상이고 상아니고가 없는 것[無相不相]이며, 상 있고 상이 없고가 아닌 것[不相無相]으로서 이름하여 실상(實相)이라 한다. 한마디로 요약하면 실상이란 있다 없다, 또는 상이다 상이 아니다라는 두 가지로 나누어 보는 것을 떠난 중도실상(中道實相)이라는 것이다. 보살은 이러한 진실상에 편안히 머물러서 자비심을 내고 중생을 고통에서 건져야 한다. 그렇게 고통에서 구한 다음에 진실을 설하여 그에게 즐거움과 행복을 주어야 한다. 보살이 이와 같이 수행하면 즉시 무상의 바른 깨달음을 얻게 된다고 설하였다.

이와 같이 시비분별을 떠나야 모든 현상과 사물과 사람을 평등하게 있는 그대로 보게 된다. 그러면 지금 살고 있는 상대의 생활세계 그대로가 절대 진리의 세계이고 고통의 세계가 곧 낙원이요 극락이 된다. 선악과를 따 먹고 낙원을 잃어버린 인간이 다시 낙원으로 돌아가는 것이다. 낙원과 극락은 죽어서 가는 곳이 아니고 지금 이 순간 바로 우리의 목전에서 실현될 수 있는 것이다.

그러나 이와 같이 현실이 그대로 진리라고 설하는 것은 때가 되어야 가능하다. 듣는 사람들이 준비가 되어서 받아들일 만할 때가 아니면 설할 수 없는 것이다. 이 법화경을 설하기 전 40여 년간 부처님은 사람들의 자질에 따라 방편으로 삼승(三乘)을 나누어 설하였다. 삼승이란 성문승과 연각승, 그리고 보살승을 말하는데 성문과 연각승은 이른바 소승으로서 오로지 자기 자신의 해탈에 치중하는 수행을 말하며 보살승은 육바라밀을 수행하며 자신의 해탈뿐만 아니라 고통받는 다른 사람들을 구제하는 데 중점을 두는 수행을 말한다.

이와 같이 곧 바로 궁극적인 진리를 직설하지 못하고 세 가지로 나누어 자질에 알맞게 낮은 단계의 가르침을 준 것은 모두 듣는 중생들이 ① 번뇌가 많고 무거우며 ② 탐욕과 시기 질투하는 마음이 크며 ③ 그 근성이 착하지 못하기 때문이었다. 그것이 역사적인 붓다께서 깨치신 후 약 40여 년간의 준비 기간을 거치고 난 후 마지막 8년 동안에 이 법화경을 설하게 된 이유이다. 법화경에서 붓다께서는, "궁극적 진리는 진리의 자리를 지키고 있으면서 세간의 모습을 항상 띠고 있음[是法住法位 世間相常住]을 알았지만 방편을 써서 그 동안 중생들을 인도하였다."고 밝힌 것이다.

  다시 말하면 궁극적 진리는 현상으로 구현되고 현상은 언제나 진리를 떠나지 않는다는 것이다. 모든 현상은 현상 그대로 진실상이라는 이 법화경의 가르침은 이사무애(理事無碍)라는 화엄경의 가르침과 같다. 그러나 이러한 설법은 기초가 없는 사람들에게 바로 할 수 있는 것이 아니기 때문에 그동안 방편으로 인도하였다는 것이다.

  40여 년간 부처님의 방편 설법을 듣고 아라한(arhat)의 지위에 오른 소승의 제자들은 그들이 터득한 공(空)과 무상(無相)이 전부인 줄 알았지만 법화경의 설법을 듣고 더 나아가서 그들도 부처가 될 수 있는 자질을 가지고 있음을 알게 되는 것이다. 누구나 다 부처가 될 수 있다는 가르침을 일불승(一佛乘)이라고 한다. 붓다께서는 이 일불승의 진리를 믿고 즐거운 마음을 내어서 장차 모두 성불할 것을 알라고 당부하면서 방편품을 끝낸다.

  요약해서 말하면 ① 서품과 방편품에서 붓다는 신통력으로써 동방의 18,000세계의 부처님들이 설법하시고 열반하는 것, 보살들이 수행하여 도과 얻는 것, 중생들이 여러 가지 업을 짓고 나고 고통받고 또 죽는 모든 광경을 생생하게 보여 주는데 그것은 우리가 보는 이 세상의 모든 것은 곧 마음이 만든 것임을 무언(無言)으로 가르쳐 주는 것이다. ② 이 고통 속에서 헤매는 모든 사람들은 모든 고통을 떠나 열반의 즐거움 속에 사시는 부처님처럼 누구나 다 부처가 될 수 있는 자질[佛性]을 가지고 있고 ③ 우리도 부처의 지혜인 불지견(佛知見)을 가지려면 사량분별의 마음, 시비분별의 마음을 초월하여야 하며 ④ 그렇게 시비분별을 초월한 불지견을 얻고 이 세상의 모든 사물과 사람과 현상을 보면 모든 것은 있는 그대로가 진실이요 실상이며 이 현실 그대로가 낙원이라는 것이다.

깨치고 보면 생사(生死)가 곧 열반이다. 우리들의 마음은 본래부터 깨어 있으며 모든 현상과 사람은 본래부터 항상 열반의 상태[常自寂滅相]에 있다. 우리가 무명에 가려 그것을 보지 못할 뿐이다. 검은 구름에 가려 파란 하늘이 보이지 않지만 항상 있듯이 우리의 마음과 현상도 본래부터 열반의 상태에 있는 것이다. ⑤ 아무리 불성을 다 가지고 있다고 하더라도 좋은 인연이 없으면 성불할 수 없다. 그러므로 불종자(佛種子)도 인연 따라 꽃핀다고 하는 것이다. 법화경을 믿고 받아들여 독송하고 설한 대로 수행하는 것이 바로 성불의 인연을 맺는 것이 된다. 그리하여 부처님 열반하신 후에 일불승의 법인 법화경을 들으면 그 사람은 이미 불도를 성취하였다[若有聞是法 皆已成佛道]고 하는 것이다.

비유품

마지막 탈출구

법화경에는 대략 7가지 비유가 등장한다. 불타는 집의 비유, 가난한 아들의 비유, 약초의 비유, 중간에 임시로 만든 성의 비유, 옷 속에 달린 보배 구슬의 비유, 상투 속에 있는 여의보주의 비유, 그리고 좋은 약의 비유 등 일곱 가지가 있는데 법화경의 세 번째 품(品)은 그 첫 번째인 불타는 집의 비유를 들어 취지를 설명한다. 붓다는 설법에서 자주 비유를 쓰시는데 그것은 절대적인 진리를 알리는 데 있어서 비유가 좋은 방편이 되기 때문이다. 법화경 방편품은 사람들은 누구나 다 부처가 될 수 있는 자질을 가지고 있으므로 누구나 다 법화경을 듣고 수행하면 성불할 수 있음을 알라[自知當作佛]고 하면서 끝을 맺었다. 그리고 이 세상의 모든 현상은 있는 그대로 진실상이라는 궁극적 진리를 설했다. 처음부터 붓다는 우리 마음과 사물의 본성을 곧바로 보여 준 것이다. 우리 마음은 알고 보면 본래부터 깨어 있고[本覺] 모든 것을 아는 지혜[一切種智]이며 시비분별을 떠난 지혜[佛智慧]이다. 그러한 지혜로써 모든 현상을 보면 그것은 모두 마음이 만든 것이며 있는 그대로 진실상이라는 가르침이 된다.

이러한 가르침을 듣고 역사적인 붓다의 10대 제자 중 지혜제일인 사리불이 깨닫게 된다. 그래서 이 비유품에 들어와서 부처님께서 사리불은 오는 세상에 많은 부처님들 밑에서 보살도를 수행한 후에 성불할 것이라고 수기(예언)하신다. 여기에서 사리불이 방편품까지의 설법을 듣고 깨달아 성불의 수기를 받았다고 하는데 왜 다음 생에 여러 부처님을 차례로 만나서 보살도를 닦은 후 성불하게 되는가 궁금하지 않을 수 없다. 앞에서 설명한 것처럼 간산 대사는 법화경의 가르침을 믿고[信] 이해[解]하고 실천[行]하고 증득[證]하는 수행 단계에 따라 분류하였다. 이러한 분류의 입장에서 보면 사리불이 깨쳤다고 하는 것은 믿고 이해하는 단계에 해당한다. 그러므로 장차 오랜 시간에 걸쳐 보살도를 실천한 다음 몸과 마음으로 확실히 증득하여야 성불하게 된다는 것이다.

사실 중생들의 시비분별하는 근본무명은 우리의 저 심층의 마음인 제8 아뢰야식에 뿌리 깊게 각인되어 있는 습성이며 그것을 되돌려 무분별의 지혜, 불지혜로 바꾸어 성불한다는 것은 한편으로 보면 참으로 어려운 일이다. 그러나 절망할 필요는 없다. 제 12 제바달다품에서는 축생인 용녀(龍女)가 즉시 성불하듯이 한 생[一生]만에 성불할 수도 있기 때문이다.

부처님의 설법을 듣고 사람들은 그의 자질에 따라 각각 얻는 도과(道果)가 다르다. 자질이 뛰어난 사람은 즉시 깨닫고 성불할 수도 있고 자질이 하열한 사람은 많은 수행의 기간이 지나야 그것이 가능할 수도 있다. 그리고 성불했는지 안 했는지는 오직 부처님만이 아시는 일이니 수행자는 그저 묵묵히 힘닿는 대로 수행만 하면 되는 것이다.

사리불은 이 비유품에서 붓다의 희유한 진리의 말씀을 듣고 모든 의혹이 사라지고 몸과 마음이 태연해지고 편안하고 즐거워졌다. 그리고 이제야 비로소 진정한 부처님의 아들이 되었으며 붓다께서 직접 입으로 말씀하신 불법의 진리를 따라 마음의 큰 변화를 겪고 불법의 진리를 얻게 되었다고 고백한다. 그동안 자기는 그릇된 견해를 제거하고 공법(空法)을 증득한 것으로 열반을 얻었다고 생각했는데 그것은 진정한 열반이 아니었다고 말한다. 그는 지금 붓다의 설법을 듣고 그 동안 공(空)을 터득하여 얻은 열반은 완전한 열반이 아니며 고통받는 중생을 제도하고자 하는 자비심을 닦고 부처의 지혜를 얻어 결국 붓다가 되어야 완전한 열반을 얻게 된다는 것을 깨치게 된 것이다.

그러나 거기에 모인 다른 소승의 제자들은 누구나 다 부처가 된다는 일불승(一佛乘)의 가르침을 듣고 혼란에 빠졌다. 사실 그때까지 성문 제자들은 누구도 수행하여 부처가 된다는 것은 상상도 하지 못하였다. 모두 아라한(arhat)이 되는 것이 그들에게 있어서 유일한 수행의 목표였다. 그들은 깨친 붓다는 지금 자기들에게 설법하고 있는 부처님이 유일한 분이라고 생각하고 있었는데 자기들과 같은 수행자인 사리불이 장차 부처가 될 것이라고 하니 얼마나 놀랐을까 짐작이 간다. 그리하여 사리불은 그들의 의심도 제거하여 줄 것을 부처님께 간청한다. 그리하여 시작되는 것이 삼계화택(三界火宅)의 비유이다.

우리가 살고 있는 이 세상은 마치 불타고 있는 집과 같이 곧 다 타고 무너질 것이 분명한데 우리는 그 속에 있는 아이들처럼 재물, 명예, 권력, 이성(異性) 등 많은 장난감을 가지고 노는 일에 정신이 팔려 위급한 줄도 모르고 그로부터 탈출할 생각을 전혀 하지 않는다. 그 불타는 집에는 탈출할 수 있는 문이 오직 하나밖에 없다[是舍唯有一門]. 이때 아버지인 부처님은 마치 더 좋은 장난감(경에서는 세 가지 수레)으로 유인하여 밖으로 구출한 다음에 일곱 가지 보배로 장식한 큰 수레[七寶大車]를 준다는 것이다. 여기에서 세 가지 수레란 성문승, 연각승, 보살승으로서 지난 40여 년간 부처님께서 행하신 방편의 설법을 듣고 각기 자질에 따라 달리한 수행법이며 그것이 이른바 삼승(三乘)이다. 지난 40여 년간의 방편설은 우선 불타는 집인 이 세상의 고통에서 우리를 끌어내기 위한 방편이고 일단 그로부터 탈출한 다음에는 보배로 장식한 큰 수레 즉 일불승(一佛乘)을 주어 누구나 다 성불하게 만든다. 그 큰 보배 수레가 바로 법화경이다.

그 큰 보배 수레는 아주 빠르게 달리는 흰 소가 끄는데 이 빠른 수레는 일불승의 가르침인 법화 수행이 성불의 빠른 길임을 암시하는 것이다. 하나밖에 없는 탈출구가 곧 법화경이요 중생을 구해 주는 분이 이 세상의 아버지[世間之父]인 부처님이시다. 그리고 모든 중생은 모두 부처님의 자식이라고 한다[一切衆生 皆是吾子]. 아버지는 그가 가진 모든 재산을 아들에게 물려주듯이 부처님도 그가 깨친 모든 불법의 재보(財寶)를 법화경 수행자들에게 다 물려준다. 지난 40여 년간 방편법을 설한 것은 중생들이 세상의 즐거움에 깊이 집착하고 지혜가 없고 궁극적인 진실을 아직은 이해할 만한 능력이 되지 않기 때문이었다. 이제는 어느 정도 준비가 되었으므로 방편을 버리고 진실을 설하게 되었다. 그러나 아직도 완전히 준비된 것은 아니므로 부처님 말씀을 믿고 법화경에 들어오는 것이다. 지혜제일인 사리불도 믿음으로 법화경에 들어오는데 하물며 다른 성문 제자들은 말할 필요도 없다.

부처님 말씀을 듣고 일불승인 묘법연화경을 수지 독송하고 설한 대로 수행하면 모두 성불한다고 설한다. 그렇기 때문에 법화경을 아무에게나 설해서는 안 된다. ① 교만한 사람 ② 게으른 사람 ③ 아견(我見)이 깊은 사람 ④ 낮은 식견의 범부 ⑤ 다섯 가지 욕망에 집착하는 사람 ⑥ 지혜 없는 사람에게는 이 법화경을 설해서는 안 된다. 함부로 설하지 말라고 하는 이유는 첫째, 해보았자 이해할 수 없기 때문이요 둘째는, 경을 비방하면 큰 죄보를 받기 때문이다. 그래서 지혜가 있고 자비심을 닦는 사람을 비롯한 10가지의 경우에 설하라고 하면서 비유품은 끝난다.

요약해서 말하면 이 비유품은 앞의 방편품에 이어서 그동안 40여 년간 부처님께서 설하신 가르침은 다섯 가지 욕망에 집착하여 고통 받고 있는 중생들을 우선 그 고통에서부터 구제하기 위하여 방편으로 설한 가르침으로서 궁극적인 진리는 아니라는 것을 강조하고 있다. 그리고 방편품의 가르침을 듣고 깨친 사리불에게 성불하리라는 수기를 줌으로써 누구나 불성을 가지고 있음을 확인시켜 준다. 법화

49

경을 믿고 수지 독송하고 설한 대로 수행하면 모두 성불한다고 하는 것이다. 특히 법화경은 이해하기 어렵기 때문에 자질이 없고 준비되지 않은 사람들에게 함부로 설하지 말 것이며 오직 준비된 자질을 갖춘 사람들에게 설하여야 한다고 한다. 그것은 준비되지 않은 사람들이 이 법화경을 접하여 혹 경을 비방할 경우 여러 가지 죄보를 받게 되기 때문이다.

신해품

분뇨치는 일에 만족했다

앞의 비유품에서 지혜제일인 사리불이 부처님으로부터 후세에 성불할 것이라는 예언을 듣고 모든 의심이 사라지고 뛸 듯이 기뻐했다. 그때 사리불은 그동안 자기는 모든 것이 공하다는 진리(空法)만을 터득하고 열반을 얻었다고 생각했는데 방편품의 모든 것은 있는 그대로 진실상이란 법문을 듣고 또 모든 사람들이 본래 가지고 있는 부처님의 지혜를 깨닫게 하는 것이 부처님들의 목적이란 말씀을 듣고 깨치게 되었다고 말한다. 그러나 그는 그 말을 듣고 처음에는 무슨 마구니가 부처님을 가장하여 장난을 치는 것이 아닌가 하고 의심하고 놀랐다고 고백한다. 왜 사리불이 놀라고 의심하고 또 여기 신해품에 등장하는 부처님의 네 사람의 원로 제자인 수보리, 마하가전연, 마하가섭과 마하목건련이 방편품과 비유품을 듣고 의심과 놀라움에 빠졌는가를 알고 들어가는 것이 앞으로의 법화경을 이해하는 데 도움이 된다.

역사적 차원의 붓다는 2,500여 년 전 보리수 밑에서 정각을 이룬 후 법화경을 설하기 전 40여 년간 사람들의 자질을 생각하고 바로 궁극적 차원의 진리를 설하지 못하였다. 처음에는 이 세상 모든 것은 무상하고 괴로움이고 깨끗하지 못하다고 설했다. 그러한 설법의 목적은 사람들이 진실이라고 믿는 자기와 사물에 대한 집착을 버리게 하는 데 있었다. 그리고 나서 법화경을 설하기 직전 20여 년간은 주로 모든 것의 본성이 비어(空) 있으므로 실이 아니라(非實)고 가르쳤다. 나라는 것도 실체가 없고 우리가 집착하는 대상인 사물도 실체가 없다고 가르쳤다. 우리는 모양을 보고 집착하는데 모양 없음(無相)이 실상이며 본성이 비어 있음(法空)이 진실이라고 한 것이다. 그래서 사리불도 그러하고 신해품에 등장하는 수보리 등 4대 제자도 모두 자기들은 그 동안의 부처님 설법을 듣고 오직 공(空), 무상(無相), 무작(無作)만을 생각하였으며 그것으로 열반을 얻어서 모든 수행이 다 끝났다고 생각하였다고 고백한 것이다.

이들 소승의 제자들이 비록 공, 무상, 무작을 마스터하여 나름대로 열반을 얻고 이제 공부가 다 끝났다고 생각했으나 그것은 완전한 열반이 아니었다. 그들이 터득한 공과 무상은 아직 무분별의 지혜에 미치지 못하였을 뿐만 아니라 중생제도라는 큰 자비심을 결여하고 있기 때문에 완전한 열반이 될 수가 없는 것이다. 그들이 비록 공, 무상, 무작을 닦고 해탈하고 열반을 얻었다고는 하나 주위에 아직도 많은 사람들이 고통과 미망 속에서 살고 있는데 어떻게 그들의 마음이 편안하고 즐거울 수가 있겠는가.

초기 법문 중에 네 가지 진리[四聖諦]는 이 세상의 모든 것은 괴로움[一切皆苦]이라고 가르쳤다. 그런데 법화경에 들어와서 이 세상의 모든 현상과 사물은 있는 그대로가 진실이요 이 고통의 세계는 있는 그대로가 낙원이라고 가르친 것이다. 모든 것은 실체가 없다고 그동안 배웠는데 이제는 모든 것은 있는 그대로가 실상(實相)이라고 하고 모든 것은 고(苦)라고 배웠는데 이제 와서는 이 세상은 있는 그대로 낙원이라 하니 누군들 놀라고 회의와 혼란에 빠지지 않을 수 있겠는가. 학교 선생님이 그 동안 학생들에게, "이 종이는 검다."고 가르쳤는데 어느날 갑자기, "이 종이는 희다."고 선언했다면 그 학생들은 당장 어리둥절해 하고 우리 선생님이 시쳇말로 혹시 돈 것은 아닌가 하고 의심할 것이다.

그래서 부처님 수명이 영원함을 설한 여래수량품에서 부처님은, "내말은 거짓 없는 진실한 말이니 너희들은 반드시 믿고 이해하여야 한다."고 세 번이나 다짐하고 제자들은, "세존이시여 원컨대 말씀하여 주시옵소서. 저희들이 마땅히 부처님의 말씀을 믿겠습니다." 하고 세 번이나 다짐한다. 그렇게 세 번의 청을 듣고 시작한 여래수량품에서 붓다는 중생들이 이 세상을 보는 것처럼 보지 않고[不如三界 見於三界] 이 세상을 있는 그대로 진실이라고 본다[如來 如實知見 三界之相]고 말한다. 중생은 생이 있다[有生] 죽음이 있다, 실(實)이다 허(虛)다, 같다[如] 다르다[異]고 나누어 분별하지만 깨친 사람은 생(生)도 없고 사(死)도 없고, 실도 아니고 허도 아니고, 같지도 않고 다르지도 않다고 본다.

다시 말하면 세상의 모든 것을 둘로 나누어 보지 않고 있는 그대로 보며 그렇게 보는 것이 실상(實相)이요 중도(中道)이다. 그러나 중생은 사물의 겉모양만 보고 생(生)과 사(死)를 분별한다. 지금 구름이 생겼다가 구름이 흩어져 사라지면 없어졌다고 보고 파도가 생겼다 없어졌다고 분별하여 본다. 그러나 구름이 생겼다 사라지는 것은 비가 되고 얼음이 되고 눈이 되고 계속 그 모습을 바꾸는 것이지 물의 성질은 불생불멸(不生不滅)이다. 파도도 여러 가지 크기와 모습으로 계속 일어났다 사라지지만 바닷물이란 본질은 항상 변함이 없다. 사나운 파도도 바다요 조용히 파도가 사라졌어도 바다임에는 틀림없다. 사물을 깊게 관찰해 보면 계속 겉모양만 바꾸는 것이지 그 본성과 본질은 나는 것도 없고[不生] 죽는 것도 없다[不滅]. 이와 같이 사물과 현상을 시비분별 없이 있는 그대로 보게 되면 이 세상은 고통의 세계가 아니고 있는 그대로 낙원이요 극락이다. 그리하여 붓다에게는 이 땅이 편안하고 갖가지 보배로 장엄되고 아름다운 꽃과 맛있는 과실이 있어 모든 중생이 즐겁게 노는 곳이다. 이 깨끗한 세계[淨土]는 변함이 없지만 중생들은 불타고 있는 것으로 보고 근심과 공포와 괴로움이 가득한 곳으로 본다고 여래수량품에서 설한다.

법화경의 네 번째 설법이 신해품(信解品)인데 거기에서 붓다의 원로 네 제자들이 그동안 자기들이 얻은 도과(道果)가 궁극의 열반인 줄 알았다고 고백한다. 그들은 방편품과 비유품의 설법을 듣고 그 동안 잘못 알고 있었던 것을 바르게 알게 되었고 그 기쁨을 부자 아버지를 둔 가난한 아들의 비유를 들어 밝힌다.

많은 재산과 보배를 가진 거부 장자에게 아들이 있었는데 잘못하여 집을 떠나서 이곳 저곳 다니며 걸식을 한 지 50여 년이 되었다. 하루는 우연히 장자의 집을 찾아왔으나 그는 그곳이 자기가 일할 곳이 아니라 생각하여 돌아간다. 그때 장자는 그가 자기의 아들임을 알아보고 하인을 시켜 붙들어 오게 한다. 그는 겁을 먹고 기절을 하는데 주인은 방편으로 그에게 분뇨치는 일을 시킨다. 약 20여 년간 분뇨치는 일을 하면서 주인의 신임을 얻고 주인과 뜻이 통하여 드디어 그의 친아들로 인정받고 거부 장자의 모든 재물을 그대로 물려받는다는 것이다.

비유에서 말하는 20여 년이란 바로 법화경 설하기 전 약 20년간의 반야 계통의 경전을 설한 시기를 말하고 분뇨치는 일을 하면서 받은 하루 품삯은 그 20년 동안 주로 배운 공과 무상의 가르침을 말한다. 궁극적 진리와 누구나 다 부처가 될 수 있다는 일불승(一佛乘)의 가르침을 설한 법화경은 거부 장자의 모든 재물과 보물을 말하고 그에 비하여 지난 20년간 터득한 공과 무상의 가르침은 분뇨를 치고 받은 품삯처럼 보잘것없는 것임을 비유적으로 표현한 것이다. 거부 장자는 부처님을 말하는데 그 장자는 사람들에게 저 사람은 실은 내 아들이고 나는 그의 아버지이니 나의 모든 재물은 그 아들의 소유라고 선언한다. 이 보배란 바로 여래의 지혜를 말한다.

그러므로 법화경을 듣고 독송하는 것은 여래의 지혜라는 보물을 부처님으로부터 받는 것이다. 그러나 사실은 본래부터 그 자신의 것임을 아는 것일 뿐이다. 그는 부자의 아들이므로 그 재산은 곧 그의 재산이기도 하기 때문이다. 우리는 누구나 본래부터 성불할 수 있는 자질을 가지고 있으며 성불하는 것은 없는 것을 얻는 것이 아니고 본래 갖추고 있는 것임을 깨닫는 것이다. 4대 제자들은 본래부터 구하여 얻으려 하지도 않던 법왕의 큰 보물을 자연히 부처님의 아들로서 얻게 되었다고 말한다. 그들은 그 동안 부처님이 설하신 것은 궁극적인 일불승의 진리가 아니고 상에 집착한 범부들에게 적합하게 방편으로 설한 것[取相凡夫 隨宜爲說]임을 알게 되었다고 말한다.

그들은, "세존께서는 저희들이 어리석고 욕심이 많아 소승법을 좋아함을 아시고 '너희들에게도 마땅히 여래의 지혜란 보물이 있음'을 굳이 말씀하시지 않으셨습니다." 하고 말한다. 누구나 본래부터 여래의 지혜, 부처의 지혜를 다 갖고 있음을 지난 40여 년간 말씀하시지 않고 지금 법화경에 와서 비로소 붓다께서 말씀하셨다는 것이다.

약초유품
자질대로 성취한다

비유품에서 사리불은, "저는 모든 그릇된 견해를 제거하여 공법(空法)을 증득하고 드디어 열반을 얻었다고 스스로 생각하였으나 이제야 그것이 진실한 열반이 아님을 알게 되었습니다." 하고 부처님께 고백한다. 이어서 그는 자기들이 나라는 생각과 있다 없다는 생각을 떠나고 열반을 얻었다고 스스로 생각했었는데 부처님께서 너희들이 얻은 것은 진실한 열반이 아니라고 하신 말씀을 듣고 모두 의혹에 빠졌다고 말한다. 그리고 그 다음의 신해품에서 가섭 등 4대 제자들 역시 그동안 자기들이 공(空), 무상(無相), 무작(無作)을 수행하여 증득하고 열반을 얻었으며 더 할 일이 없다고 스스로 생각하여 무상의 깨침을 구하지 않았노라고 고백한다.

그 다음으로 이어지는 것이 약초유품이다. 부처님의 설법은 하늘에서 내리는 비처럼 한 모양 한 맛[一相一味]이지만 그같은 비를 맞고 초목들이 다 각기 다르게 자라듯 설법을 듣고 도과(道果)를 성취하는 정도는 듣는 사람의 자질에 따라 다 다르다는 것을 비유를 들어 말씀하신 것이 바로 이 약초유품(藥草喩品)이다.

우선 붓다는 모든 것을 아는 사람, 모든 것을 보는 사람, 도를 알고 도를 열고 또 도를 설하는 사람으로서 구제되지 못한 사람을 구제하고 해탈하지 못한 사람을 해탈케 하고 편안치 못한 사람들을 편안하게 하고 열반을 얻지 못한 사람에게 열반을 얻게 하며 금생과 후생을 진실되게 아는 사람이라고 말한다. 그렇게 중생들과 모든 사물과 현상에 대하여 모두 아는 지혜를 가지고 있으므로 중생들에게 그의 능력에 맞게 감당할 만한 정도에 따라 설법을 히여 그들로 하여금 현세에서 편안하게 하고 후세에 좋은 곳에 나게 한다. 그들이 붓다의 설법을 듣고는 모두 고통을 떠나고[皆令離苦] 편안한 즐거움을 얻고[得安隱樂], 세상의 즐거움[世間之樂]과 열반의 즐거움[及涅槃樂]을 얻는다.

이와 같이 붓다는 사람의 능력에 맞추어 설법하지만 여래가 설하는 것은 한 모양 한 맛의 진리로서 그것을 받아들이는 중생의 자질에 따라 그 얻는 바가 차이가 날 뿐이다. 하늘에서 내리는 비는 한 모양이지만 그 비를 맞고 자라는 초목은 여러 가지 모양과 크기로 자란다. 바닷물은 한 모양이지만 그것이 파도로 모습을 나툴 때는 천태만상으로 나타난다. 하나에서 무수한 차별이 나타나니 무차별인 하나는 곧 천태만상의 차별이고 그 차별이 곧 하나이다. 초목이 자라는 땅도 한 모양이지만 그로부터 무수한 초목이 자란다.

방편품에서 제법실상은 모든 것이 있는 그대로 진실상이라고 하였다. 이른바 십여시(十如是) 가운데 제일 마지막이 본체(本體)와 지말(枝

末)은 다 같이 있는 그대로 진실이다[如是本末究竟等]라는 구절이다. 이 것이 바로 바다라는 본체와 그로부터 나타난 지말인 파도라는 현상이 결국은 하나로 같다는 것을 말한다. 한 모양 한 맛의 땅과 그 위에 자라나는 모든 초목이라는 차별적 현상이 하나로서 있는 그대로 진실이요 한 모양 한 맛의 비라는 본체에서 모든 차별적 초목이 자라나는 현상도 하나로서 있는 그대로 진실이다. 이러한 비유는 붓다가 설하는 진리는 하나이지만 그 하나에서 여러 가지 수행의 성취가 이루어짐을 보여 준다. 그리고 이 비유는 우리로 하여금 법화경이 설하는 일불승 법문과 그 이전의 다양한 방편의 법문이 하나임을 암시한다. 진실이 곧 방편이고 방편이 진실과 다르지 않다. 하나의 땅에 다양한 초목이 다 포함되어 있듯이 법화경 역시 그 이전의 다양한 방편법을 다 포함한다. 84,000의 부처님 설법이 모두 궁극적 진리와 부처의 지혜를 깨닫게 하는 것이다.

하나의 맛[一味]은 부처님 설법이 평등하여 차별이 없음을 나타낸다. 햇볕도 지상의 모든 초목을 차별 없이 비추고 비도 모든 초목을 차별 없이 평등하게 적시고 땅도 초목을 차별 없이 평등하게 자양하듯이 부처님도 모든 사람에게 차별 없이 평등하게 진리를 설하신다.

이러한 한 모양 한 맛의 진리란 벗어나야 할 모든 것을 벗어나고[解脫相] 떠나야 할 모든 것을 떠나고[離相] 멸하여야 할 모든 것을 멸하여[滅相] 결국 도달하는 것이 모든 것을 아는 부처의 지혜[一切種智]이다. 모든 번뇌와 삼독심(三毒心)으로부터 벗어나고, 아상(我相)을 비롯한 모든 시비분별의 상을 다 떠나고 다 멸한 후에라야 일체 모든 것을 아는 부처의 지혜를 얻게 된다.

　나와 대상이라는 생각, 생사(生死)라는 생각, 열반이라는 생각, 무명이라는 생각, 깨침이라는 생각을 다 버리고 소멸시켜야 부처의 지혜를 얻고 깨치게 된다. 그렇게 되어야 모든 사람에 대하여 큰 자비심을 가지고 구할 수 있다. 그러나 이러한 한 모양 한 맛의 진리는 항상 고요하고 고요한 완전한 열반이며 결국은 절대공(絶對空)에 귀일함을 붓다는 다 알고 있지만 중생의 근기를 생각하여 그동안 바로 설하지 못하고 방편으로 삼승으로 나누어 설한 것이다. 절대의 공은 소승 제자들이 지난 20여 년간 수행하여 얻은 상대적 공과는 다른 공이다. 고통의 세계인 생사계(生死界)는 다 허망하여 본질상 다 빈 것이라고 보는 것이 소승 제자들이 터득한 공의 개념인데 그것을 일명 한쪽으로 치우친 공[偏空]이라고 한다.

　범부 중생은 세상의 모든 것은 실재하는 것[實]이라고 보고 집착한다. 부처님의 설법을 들은 소승의 제자들은 모든 것은 본질상 비어[空] 있어 실체가 아니[非實]라고 본다. 그러나 우리가 사는 세상은 실도 아니요 공도 아니라고 보는 것이 중도실상이요, 이것을 소승의 공과 다른 절대의 공 또는 제일의공(第一義空)이라고 부른다. 깨친 부처의 입장에서는 생사도 떠나고 공도 떠나고 나라는 생각도 없고 중생이라는 생각도 없고 미혹이란 생각도 없고 깨침이란 생각도 모두 없다. 이와 같이 모든 분별의 상(相)을 떠나는 것이 법화경이 말하는 진정한 공(空)이요 중도실상이다.

　그렇게 되어야 감산 대사가 말하듯 일체법을 말하면서도 일체법을 떠나 있고 모든 상을 말하면서도 모든 상을 떠나 있고 생멸을 말하면서도 적멸하여 남이 없다고[無生] 할 수 있다. 그와 같이 보는 것이 모든 현상을 있는 그대로 보는 것이고 그것이 바로 부처의 지혜이며 중도실상이다. 그러한 지혜를 얻어야 자유자재하게 이 험난한 세상에서 많은 이들을 자비로 구할 수 있게 된다. 따라서 그동안 소승 제자들이 얻었다고 생각하는 열반은 사실은 진실하고 완전한 열반이 아니고 모두 보살도를 수행한 것에 불과하다. 그러므로 점점 수행하여 더 나아가면 모두 반드시 성불할 것이라고 하면서 약초비유품은 막을 내린다.

수기품
부처가 되리라

약초유품 다음이 수기품(授記品)이다. 수기라는 것은 붓다께서 제자들에게 앞으로 성불(成佛)할 것이라고 예언하는 것을 말한다. 부처님께서 수기를 주실 때는 ① 제자 한 사람 한 사람을 일일이 거명하며 언제 성불할 것이라고 수기하는 경우가 있고 ② 누구 누구를 비롯하여 여러 제자들을 집단적으로 수기하는 경우도 있고, ③ 어느 누구라는 특정한 사람이 아닌 사람으로서 여래 생존시나 여래가 열반하신 후에 법화경의 한 구절이라도 듣고 따라 기뻐하는 사람에게 모두 수기를 주는 경우가 있다.

법화경 법사품(法師品)에서 부처님은 특히 여래가 열반하신 후 미래세에 법화경을 수지 독송하는 사람에게 모두 수기를 준다고 하였다. 그것이 한 구절이라도 되므로 특히 '나무묘법연화경' 하고 믿는 마음으로 그 제목을 염송하는 것도 수기의 대상에 들어간다.

이러한 성불 수기는 법화경의 몇 군데에서 이루어지고 있는데 특히 제 6 수기품, 제 8 오백제자수기품, 제 9 수학무학인기품이 대표적인 곳이다. 앞에서 이미 밝힌 것처럼 제 2 방편품의 설법만을 듣고 사리불은 그 동안 가졌던 모든 의혹이 소멸하고 누구나 다 깨칠 수 있다는 붓다의 가르침을 믿고 알게[信解] 되었다.

그리하여 그는 제 3 비유품에 들어와서 붓다는, "너는 오는 세상 한량없는 겁을 지나면서 수많은 부처님께 공양하고 정법을 받아지니며 보살의 행할 도를 다 갖춘 뒤에 마땅히 성불하리니 이름은 화광여래 · 응공 · 정변지 · 명행족 · 선서 · 세간해 · 무상사 · 조어장부 · 천인사 · 불세존이라 하리라." 하고 수기를 받는다. 이깃을 시작으로 수기품에 와서는 4대 상수제자인 마하가섭, 수보리, 마하가전연, 마하목건련에게 미래세에 모두 성불할 것이라고 수기를 준다. 4대 제자들은 나이로 보나 수행의 수준으로 보나 모든 제자들 가운데 특출한 사람들이다. 특히 지혜제일이라는 사리불과 신통제일이라는 목건련은 친구지간으로 본래는 바라문교를 신봉했으나 만족하지 못하고 함께 수행하던 250여 명의 수행자들과 함께 부처님 제자가 된 원로로서 부처님의 오른팔과 왼팔이라 불릴 정도로 핵심적인 제자들이었다. 나이도 부처님보다 많은 사리불과 목건련은 부처님보다 먼저 세상을 뜬다. 두 사람이 교단에 들어옴으로써 제자의 수가 금세 250여 명으로 늘어났으며 후에 제바달다가 교단에 반기를 들어 500여 명의 제자들을 끌고 나갔을 때도 두 사람은 그곳에 찾아가서 아무 말없이 같이 지내다 돌아올 때 거의 대부분을 다시 데리고 돌아왔다. 특히 목건련은 교단을 수호하기 위하여 필요할 때는 신통력을 사용하였는데 그것을 시기한 외도(外道)의 무리들이 목건련을 죽이려고 하였다. 처음 두 번의 시도는 그의 신통력으로 피했으나 결국은 그렇게 되는 것이 자기 자신의 업보임을 알게 된 그는 그들 손에 죽는다.

이와 같이 친구지간이며 그 능력이 탁월한 두 사람이지만 목건련은 방편품과 비유품, 그리고 약초유품까지의 법화경을 듣고 비로소 깨치게 되었다. 그리하여 가전연, 수보리, 그리고 마하가섭과 함께 수기를 받게 된 것이다.

수보리는 금강경에서 붓다에게, "최고의 깨달음을 얻으려는 수행자가 어떻게 마음을 간직하고 어떻게 그 마음을 항복받아야 하오리까?" 하고 질문을 한 상수제자이다. 공을 가장 잘 아는 사람[解空第一], 남과 논쟁하지 않는 사람[無諍第一], 신자들로부터 제일 공양 잘 받는 사람[被供第一]이라는 칭호를 받고 있는 수보리는 부처님께 기원정사를 기증한 아나핀다카 장자의 조카인데 그 정사를 봉헌하는 날 부처님 설법을 듣고 출가하여 부처님의 제자가 되었다.

가전연은 오지에서 포교함에 있어 제일가는 사람[廣說第一]이라는 칭호를 받고 있는데 그가 인도의 중서부 오지에서 포교하고 있을 때 어떤 사람이 출가하여 제자가 되고 싶어 했다. 그러나 그 당시 교단의 규칙으로는 수계의식 때 열 명의 비구가 있어야 가능한데 그 열 명의 비구가 없어서 그를 받아들일 수 없었다. 3년여를 기다리며 열 명의 비구가 확보된 다음에 그 지원자는 비로소 제자가 될 수 있었다. 이러한 사실이 알려져 그후부터는 현지의 사정에 맞게 숫자도 줄게 되었다고 한다.

마하가섭은 중국이나 우리나라의 선불교에서는 부처님으로부터 선종의 법맥을 직접 전해 받은 사람으로 유명하다. 한 설법 장소에서 부처님께서 연꽃 한 송이를 들어 보이자 오직 마하가섭만이 미소 지었다고 한다. 이 사건을 염화미소(拈花微笑)라 하여 특별한 의미를 부여하고 있다. 이 가섭은 출가 때부터 매우 특별하였다. 그는 거부 장자의 아들로서 그의 부친은 그가 가업을 이어 나가길 바랐다. 그리하여 그의 부모는 그의 결혼을 일찍부터 서둘렀다. 출가 수행자가 되고 싶었던 가섭은 부모의 요구를 피할 수 없음을 알고 아주 완벽한 미인을 금으로 조각하여 부모에게 보이면서 이와 같은 미인이 있으면 결혼하겠다고 하였다. 그는 내심 그렇게 예쁜 사람은 없을 것이라고 믿고 있었다. 그러나 그보다 더 예쁜 신부감을 결국 발견하게 되었고 드디어 할 수 없이 그는 결혼하게 되었다. 신부는 우연히도 마하가섭처럼 수행자가 되고 싶은 소원을 가진 사람이었다. 둘은 마음이 맞아 외견상으로는 부부 행세를 하였지만 부부의 관계는 갖지 않고 지냈다. 부모가 죽고 나자 함께 출가하기로 하였다. 결국 두 사람은 헤어지고 가섭은 긴 여행 끝에 라자가하와 나란다의 중간 지점에 도착했는데 그곳에 계신 부처님이 직접 마중 나와 만나서 바로 제자가 되었다.

가섭은 가문도 좋고 인물도 출중한 사람이었다. 그 점을 감안하여 부처님은 그에게 특히 자존심과 교만심을 경계할 것과, 너무 아는 것이 많으므로 법문을 들을 때 주의 깊게 듣고 들은 것을 모두 행할 것과, 모습이 너무 잘생겨 자기 몸을 좋아하고 집착하니 자기 몸을 32

가지로 나누어 자세히 분석하고 알아차리는 관수행(觀修行)을 할 것을 당부하였다. 그는 교단에 들어온 지 8일째 되는 날 모든 번뇌와 집착을 벗어나 아라한의 과보를 얻게 되었다고 한다. 이 가섭은 두타제일이라고 하는데 두타행은 ① 항상 누더기 가사를 입고, ② 세 벌 이상의 가사를 소유하지 않으며, ③ 산림 속 나무 밑이나 묘지에서 거처하는 등 매우 엄격한 고행을 말하는데 이러한 두타행을 그대로 실천한 수행자가 바로 가섭이었다. 그는 출가 때 해 입고 온 가사를 부처님께 드리고 대신 부처님이 주신 가사를 평생 입고 지냈다. 떨어지면 기워 입고 기워 입고하다 보니 그의 가사는 말 그대로 헌 걸레처럼 누더기였다고 한다. 그가 나이가 들어서도 계속 산림 속 묘지 옆에서 늘 홀로 수행하고 있어 그의 건강을 염려한 부처님께서 가까이 와서 지낼 것을 권유했지만 그는 겸허하게 사양하고 그러한 생활을 계속하였다.

마지막 부처님이 열반하실 때 그곳에 없었던 그는 500여 명의 제자들과 함께 길을 재촉하여 5~6일 만에 구시나가라에 도착하였다. 그전에 다비식을 가지려고 아무리 불을 붙여도 나무에 불이 붙지 않았다고 하며 그가 도착하자 관 속의 부처님 두 발이 밖으로 나왔다고 한다. 그리고 곧 이어서 불은 쉽게 붙고 다비식은 순조롭게 진행되었다. 그리고 부처님의 열반으로 교단이 술렁거릴 때 가섭이 나서서 그것을 하나로 결속시키고 드디어 500여 명의 장로들을 모아 그 동안 부처님이 설한 법문을 결집하는 데 중추적 역할을 수행하였다.

초기의 경전들은 이렇게 하여 탄생하였다. 사리불과 다른 상수제자들은 ① 항상 부처님으로부터 법문을 듣고 ② 부처님이 가르쳐 주신 수행법대로 항상 수행한 제자들로서 공(空), 무상(無相), 무작(無作)이라는 세 가지 해탈법[三解脫]을 다 통달하고 있었다. 이 세 가지 해탈법은 세 가지 삼매[三三昧]라고도 하는데 공은 모든 사물과 현상이 본질적으로 독자적이며 고정불변의 실체가 없다는 것을 말하고, 무상이란 우리가 인식하는 사물의 상(相)이 본질적으로 허망하고 실상이 아니라는 것을 말한다. 목건련은, "나는 영원이나 행복 등 모든 형상들을 대상으로 집착하지 않고 그 형상을 벗어나는 무상삼매(無相三昧)를 닦아서 나에게 상(相)이라고는 티끌만큼도 없다."고 말한다.

범부 중생들은 눈에 보이는 사물의 겉모습만을 보고 그에 강한 집착을 보인다. 그러나 사물의 겉모습이 아닌 그 이면의 본질이나 본체를 볼 수 있어야 사물의 진실된 모습을 보게 된다. 구름이나 얼음과 같은 겉모습에만 매여 있으면 구름과 얼음을 꿰뚫고 있는 물이란 본성을 볼 수 없다. 마찬가지로 동물이나 사람의 겉모습만 보면 그 이면의 같은 생명이라는 본질을 놓칠 수 있고 전깃불의 겉모양만이 모든 것이라고 여기면 그 뒤에 흐르는 전기에너지를 볼 수 없다. 전깃불의 겉모양만을 보면 무수한 전깃불이 존재하지만 전기에너지를 보면 모두 하나임을 알 수 있다. 이와 같이 공과 무상의 수련을 통하여 붓다의 제자들은 일체 사물에 대한 그릇된 집착을 여의고 사물의 실상을 알게 된다.

그리하여 금강경은 모든 상(相)이 허망하여 진실상(眞實相)이 아님을 알면 바로 진여(眞如)를 깨치고 여래(如來)를 볼 수 있다고 한다. 이와 같이 부처님은 법화경을 설하시기 전 20여 년간 반야 계통의 법문에서 공과 무상을 설하셨다.

무작(無作)은 무원(無願)이라고도 하는데 더 이상 얻을 것도 할 것도 없고 더 이상 바랄 것도 없음을 말한다. 장미꽃은 있는 그대로 조금도 부족함이 없는 완전한 장미꽃이다. 장미꽃이 되기 위하여 어떤 작위가 더 필요하지 않다. 우리는 누구나 다 불성을 갖추고 있고 깨침[覺性]도 다 갖추고 있으니 더 무엇을 하고 바랄 필요가 없다는 것이다. 이렇게 세 가지 수행을 다 마쳐 해탈하게 되면 생사 고통의 세계를 초월하여 열반의 세계에 이르게 된다. 그런데 이러한 열반조차 완벽한 열반이 아니고 보살도를 더 수행하고 성불하여 부처가 되어야 비로소 진실한 완전한 열반을 얻게 된다고 이 법화경에서 부처님은 말씀한다.

뿐만 아니라 그들은 초선(初禪)에서부터 시작하여 8번째인 비상비비상정(非想非非想定)까지 8단계의 선정을 마스터한 후 멸진정(滅盡定)에 들 수 있는 수행자들이었다. 멸진정(nirodha samapatti)에 들면 모든 느낌과 인식 및 사유 작용이 일시적이긴 하지만 다 중지되며 생명을 유지하는 기관이 계속 작동하고 있는 것을 제외하면 마치 죽은 사람과 같다고 한다.

이러한 멸진정까지의 모든 선정을 얻기 위하여 주로 사용한 수행법이 지관법(止觀法)이었다. 지는 마음을 고요히 가라앉히는 수행법으로 마음을 한 곳에 집중하여 깨어 있는 명료한 상태를 유지한다. 관법은 매단계의 선정에서 나와서 그 단계에서 얻은 모든 느낌이나 앎은 본질적으로 공하고 무상하고 괴로운 것이며 무아라고 관하면서 다음 단계의 선정으로 들어가는 것을 말한다.

아무튼 이러한 공부를 다 마친 소승의 제자들에게 수기를 주는데 성불하려면 엄청나게 많은 세월 동안 많은 부처님 밑에서 보살로서 수행하고 실천할 것들을 다 마친 다음에 비로소 성불할 것이라고 한다. 멸진정이라는 최고의 선정을 자유자재로 구사하는 이 상수제자들마저도 무수한 세월 동안의 보살 수행을 거친 후라야 성불한다고 하니 그만큼 성불이라는 것이 쉽지 않음을 보여 주는 것이다.

멸진정에서는 우리의 표면적 마음인 여섯 가지 식[六識]과 나에 대한 집착[人執]의 근원인 일곱 번째 식(제7 말나識)이 다 없어진다고 한다. 능가경에 의하면 여섯 번째 지위에 든 보살과 성문·연각은 멸진정에 들고 제7지 보살은 생각생각에 항상 멸진정에 드는데 소승인 성문과 연각은 그렇게 할 수 없다고 한다. 그것은 그들이 너와 나, 그리고 나와 대상의 분별을 완전히 극복하여 모든 현상의 차별 없는 모양을 얻지 못한 까닭에 생각생각에 항상 멸진정에 들 수 없다.

대승에 와서는 깨침의 궁극적 목표를 중생 제도에 두는 보살 수행이 수행의 중심이 되는데 보살 수행의 여덟 번째 단계에 이르러 무의식의 마음인 제8 아뢰야식이 어느 정도 정화된다. 8지 이상의 보살이 되어야 심(心)·의(意)·의식(意識)이라는 마음의 분별식(分別識)이 모두 멸하여 인식 주체인 나라는 의식도 사라지고 외계의 대상 세계도 모두 우리 마음이 만든 꿈과 같은 것이라고 보게 된다.

그러한 수행의 단계를 지나 등각과 묘각의 단계에 이르러야 모든 식(識)이 다 소멸하고 아집(我執)과 대상에 대한 집착[法執]이 모두 완전히 끊어지고 드디어 부처의 지혜를 얻어 성불하게 된다고 한다. 그 단계에 이르러야 우리 마음에 일대 전환이 일어나고 오염된 마음이 모두 정화되어 근본무명이 완전히 소멸하고 마치 맑고 밝은 거울같이 된다고 한다. 이것을 거울 같은 지혜라 하여 대원경지(大圓鏡智)라 부른다.

보살의 수행을 보통 여섯 가지 바라밀다(paramitta) 수행이라고 부르는데 ① 보시(布施) ② 지계(持戒) ③ 인욕(忍辱) ④ 정진(精進) ⑤ 선정(禪定) ⑥ 반야 바라밀 즉 지혜 바라밀의 여섯 가지를 말한다. 여기에 ⑦ 방편 ⑧ 원(願) ⑨ 힘[力] ⑩ 지(智)의 네 가지를 더하면 모두 10가지 바라밀이 된다. 마지막의 지(智)는 일체 모든 사물과 현상을 여실하게 아는 궁극적 지혜를 말한다.

수기를 받은 제자들은 그동안 자기들은 결코 부처가 될 수 있으리라고 꿈에도 생각 못했는데 이제 '부처가 되리라'는 부처님의 수기를 받고 뛸 듯이 기뻐했지만 몇 생을 거듭하며 보살도의 수행을 다 완벽히 마친 다음이라야 부처가 될 수 있다는 말씀에 내심 더 큰 각오를 다졌을 것이다.

수기품을 읽으며 혹 성불하는 것이 저렇게도 어렵다는데 하고 실망할 필요는 없다. 제 12 제바달다품에서 문수사리보살로부터 법화경의 가르침을 받은 용녀가 부처님과 모든 대중 앞에서 홀연히 성불하는 모습을 보여 주고 제 17 분별공덕품에서 여래의 수명이 장원(長遠)함을 설할 때 그것을 들은 무수히 많은 사람들이 일 생(一生) 만에 모두 무상의 깨침을 얻고 성불할 것이라고 설한다. 이와 같이 사람들의 자질에 따라 성불하는 시기는 다 다르겠지만 분명한 사실은 법화경을 수지 독송하고 설한 대로 수행하면 언젠가는 반드시 성불한다는 사실과 성불했는지 아니 했는지는 오직 부처님만이 아신다는 사실이다. 그러므로 우리는 오직 믿고 수행하면 될 일이다.

사리불과 상수제자 네 사람의 수기가 끝나고 아직도 의혹이 남아 있는 다른 성문 제자들을 위하여 제 7 화성유품에서 부처님과 제자들과의 전생 인연을 말하고 긴 여정에 지친 여행자들을 위하여 편의상 중간 지점에 쉴 곳을 임시로 만들어서 쉬게 하듯 듣는 제자들의 자질을 생각하여 방편에 따라 설법하였다고 설한다. 이 화성유품을 듣고 드디어 대부분의 제자들이 모두 부처가 될 수 있음을 믿고 알게 되었다. 그리하여 설법제일이라는 부루나를 비롯한 500인의 아라한들에게 수기를 준다. 특히 500인의 아라한들은 집단으로 수기를 받는데 그 가운데 우르빈나가섭, 가야가섭, 나제가섭은 친형제이며 마하가섭과는 아무런 혈연 관계가 없는 이들이다. 우르빈나가섭은 우르빈나라는 강가에서 불을 숭배하는 500여 명의 제자를 거느린 한 종파의 우두머리였으나 부처님의 제도를 받고 제자가 되었다. 그 강을 따라 중간과 하류에서 각각 300여 명과 200여 명의 제자를 거느린 나머지 형제들도 큰 형을 따라 함께 부처님의 제자가 되었는데 그 세 형제들이 부처님의 교단에 들어옴으로써 제자들은 1,250여 명에 이르렀다.

제 9 수학무학인기품에서 수기를 받은 사람들이 아난다와 라후라를 비롯한 나머지 2,000여 명의 제자들이다. 부처님이 성도한 날에 탄생하였다는 아난다는 부처님이 열반하실 때까지 24년간 항상 곁에서 시봉한 사촌 동생으로 부처님의 말씀을 가장 많이 듣고 가장 잘 기억하여 다문제일(多聞第一)이라고 부른다. 부처님이 열반하시기 몇 달 전에 부처님은 생명을 연장할 수 있는 능력이 있다고 아난다에게 넌지시 말했다. 그때 아난다는 그 말뜻을 모르고 그냥 무심히 지나치고 말았다. 세 번의 기회를 주었음에도 아난다가 모르고 지나치자 부처님은 3개월 후에 열반에 들 것이라고 말씀하시고 열반할 때가 가까워서야 아난다는 부처님께서 더 생존해 계셔야 한다고 간청하지 않았음을 뼈저리게 후회하게 된다.

아난다는 시봉하는 일에 전념하다 보니 자연히 수행을 제대로 할 수 없었다. 그리하여 부처님이 열반하시고 제일 처음 경전을 결집하기 위하여 모인 500여 명 가운데 바로 참여할 수 없었다. 당시 그것을 주도하던 마하가섭과 다른 참여자들로부터 아직 자격이 안 됨을 지적받고 그는 하룻밤 동안의 경행 정진을 마치고 침상에 막 누우려는 찰나에 드디어 깨닫고 아라한의 지위에 들게 된다. 그리하여 그도 500여 명의 결집 회의에 참여하게 되고 그가 외우고 있는 붓다의 모든 설법을 들려주어 경전 결집에 있어서 매우 중추적인 역할을 하게 되었다. "나는 이와 같이 들었다."로 시작되는 불교 경전들은 이러한 결집의 결과로 탄생한 것이었다.

라후라는 부처님의 친아들로서 깨친 후 2만 명의 제자들과 함께 다시 고향을 방문한 부처님을 따라 동자로서 교단에 들어오게 되었

다. 그는 눈에 뜨이지 않는 곳에서 배운 모든 것을 그대로 실천하고 수행하여 밀행제일(密行第一)이라 불렸다. 배운 것을 다 마친 제자들과 배울 것이 아직 더 남은 제자들 2,000명은 모두 집단으로 수기를 받는다. 이제 대부분의 성문 제자들이 수기를 받았다. 남은 이들은 비구니들과 제바달다인데 법사품과 견보탑품의 법화경 설법을 듣고 악인의 대명사 같은 제바달다가 수기를 받는데 이것은 제바달다품에서 따로 설명하기로 한다.

　제 13 권지품에서 비로소 비구니들이 수기를 받게 된다. 마하파사파제는 부처님의 생모가 돌아가시자 양모가 되어 부처님을 친자식인 난다보다 더 정성껏 양육한 부처님의 이모이다. 그리고 야소다라는 부처님 출가 전까지 부인이었고 라후라의 생모이다. 마하파사파제는 카필라성의 500여 명의 부인들과 함께 그 먼 길을 걸어서 부처님 계신 곳에 도착하여 비구니 수행자가 되겠다고 하였다. 부처님께서 거절하였지만 아난다가 여러 차례 간청하여 비구니는 아무리 오래되었어도 하루된 비구에게 합장 공경해야 할 것 등 여덟 가지 공경법을 수락하는 조건으로 교단에 들어오게 되었다. 드디어 마하파사파제와 야소다라 비구니도 각각 개별적인 수기를 받고 나머지 6,000명의 비구니는 집단으로 수기를 받는다. 이와 같이 부처님의 성문 제자들은 그들의 능력에 따라 차례로 장차 성불하여 부처가 될 것이라는 수기를 모두 받게 되었다.

화성유품

베이스 캠프는 잠시 쉬는 곳이다

　우리는 이제 제 7 화성유품에 이르렀다. 긴 여행에 지친 여행자들을 잠시 쉬게 하려고 인도자는 중간에 신통력으로 근사한 도성(都城)을 만들어 놓고 지친 여행자들을 충분히 쉬게 한다. 충분히 쉬어서 이제 피로가 다 가신 것을 안 안내자는 드디어 이곳은 우리의 최종 목적지가 아니고 여기에서 좀 더 가면 많은 보물이 있는 곳이 있는데 그곳이 우리의 최종 목적지라고 선언한다. 이러한 비유를 들어서 이 화성유품에서도 부처님은 그 동안 소승의 제자들이 공부하여 얻은 것이 끝이 아니고 일불승(一佛乘)의 가르침에 따라 성불하는 것이 최종 목적지라는 것을 다시 한 번 일깨워 준다.

　과거 헤아릴 수 없는 오랜 세월 전에 대통지승이란 부처님이 계셨다. 그분이 처음에 도량에 앉아 무상의 깨침을 얻기 위한 수행을 했지만 모든 부처님들의 진리[佛法]가 나타나지 않아 깨치지 못하였다. 10소겁이 지나고서야 무상의 정각을 성취하여 부처가 되었다. 그 부처님이 출가하기 전에 둔 16명의 왕자들이 부처님이 되신 것을 알고 모두 출가하여 그의 제자가 되어서 가르침을 청하였다.

그때 시방의 여러 곳에 있는 범천왕들이 그들의 궁전에 밝은 광명이 비치는 것을 보고 모두 부처님을 찾아와서 그들의 궁전과 하늘 꽃을 부처님께 공양하고 법문을 하여 주실 것을 청하였다. 그들은 말하길, "한량없이 오랜 세월을 부처님 없이 지냈으니 시방 세계가 항상 캄캄하고 삼악도(三惡道)는 늘어만 가서 아수라들이 치성하오며 부처님 법문 듣지 못하고 착하지 못한 일 항상 행하여 육신의 힘과 지혜가 모두 줄어 들고 즐거움이 사라졌사옵니다." 하였다. 이와 같은 시방 세계 범천왕들과 16명의 왕자의 청을 받아들여 법문을 설하였다.

처음에는, "이것은 괴로움이요 이것은 괴로움의 원인이며 이것은 괴로움의 사라짐이며 이것은 괴로움이 소멸하는 바른 길이니라." 하는 사성제(四聖諦)의 가르침을 폈다. 이른바 네 가지 성스러운 진리 (The Four Noble Truth)는 다음의 네 가지를 말한다.

첫째는 고(苦)의 진리이다. 탄생이 괴로움이요 늙는 것이 괴로움이요 죽음이 괴로움이다. 살면서 겪는 모든 슬픔, 고통, 절망이 괴로움이요 원하는 것을 얻지 못하는 것이 괴로움이다. 간단히 말하면 인간 존재 자체가 괴로움이라는 것이다.

둘째의 진리는 괴로움의 원인에 관한 것이다. 우리의 눈과 귀와 몸 등 감각기관에 즐거운 것이 있으면 그것을 가지려는 강한 욕구가 생긴다. 그리고 이러한 욕구와 갈애가 충족되면 즐거움을 느끼고 그것이 좌절되면 괴로움을 얻게 된다. 이러한 강한 욕구와 갈애가 새로운 탄생을 가져오고 인간의 삶과 죽음은 계속된다.

셋째는 고의 소멸에 관한 진리이다. 강한 욕구와 갈애의 완전한 소멸, 증오의 소멸, 미망의 소멸이 있으면 그것이 해탈이며 열반(Nirvana)이다. 바위가 어떤 강풍에도 움직이지 않는 것처럼 그러한 욕구로부터 해탈한 사람은 아름다운 모양, 아름다운 소리, 좋은 향기 등 어떤 것에도 흔들리지 않고 마음은 항상 평화롭다. 그러한 사람은 반대로 아름답지 못한 것, 싫은 것, 슬픈 것, 화나는 일을 만나더라도 마찬가지로 흔들리지 않고 평온하다. 그는 생과 사를 초월한다. 난다 죽는다 하고 분별하지 않으므로 해탈하여 마음의 평화를 얻는다.

넷째는 고의 소멸에 이르는 수행에 관한 것이다. 육체적 쾌락에 탐닉하는 것도 버리고 자기 자신을 괴롭히는 고행도 버리는 것이 중도(中道)로서 평화와 열반에 이르는 길이다. 양극단을 버리는 중도의 수행은 구체적으로

① 올바른 이해(Right Understanding)

② 올바른 생각(Right Thought)

③ 올바른 말(Right Speech)

④ 올바른 행동(Right Action)

⑤ 올바른 생업(Right Livelihood)

⑥ 올바른 노력(Right Effort)

⑦ 올바른 깨어 있음(Right Mindfulness)

⑧ 올바른 집중(Right Concentration)

의 여덟 가지 바른 수행법[八正道]을 말한다.

그 다음에는 12연기의 진리를 널리 설하였다. 무명(無明)을 근본 원인으로 하여 행(行), 식(識), 명색(名色), 육입(六入), 촉(觸), 수(受), 애(愛), 취(取), 유(有), 생(生)을 거쳐 늙고 죽는 과정, 사람이 태어나서 근심 걱정하며 살다가 죽는 모든 윤회전생의 과정을 설한 것이다. 이른바 열두 가지 연기의 진리[十二緣起法]는 간단히 말하면 이 세상의 모든 현상은 인연 따라 생겨서 인연이 다하면 소멸한다는 것이다. 저것이 있으므로 이것이 있고 저것이 없으면 이것이 없다. 흙이 있고 씨앗이 있고 비가 있고 따뜻한 햇볕이 있으니 싹이 나고 꽃이 된다. 이러한 연기의 법칙을 좀 더 구체적으로 표현한 것이 열두 가지 연기법이다. 사람이 나서 살면서 느끼고 사랑하고 괴로워하고 늙어 죽고 또 새롭게 탄생하는 과정을 열두 가지 인연을 들어서 설명한다.

12연기법은 우선 무명(無明)에서부터 시작한다. 무명이란 밝지 못함, 사물의 본질과 근본 이치를 깨치지 못한 상태를 말한다. 인간은 이 무명을 인연으로 하여 업을 짓는 여러 가지 행동[行]을 하게 된다. 행(行)이라는 것은 충동, 의도, 생각 등 업(業)을 가져오는 행동을 가리킨다. 좋아하고 싫어하고 화내고 하는 행동은 우리가 무명에 가려서 사물의 실상을 바르게 알지 못하여 하게 되는 것이다.

행(行)이 인연이 되어 우리의 의식[識]이 작용한다. 불교에서 말하는 식은 여덟 가지가 있다. 우리의 보고 듣고 하는 다섯 가지 감각기관과 그것을 종합하여 인식하는 여섯 번째 식인 보통의 마음, 그리고 '나'라는 생각의 근거가 되는 제7식과 그 모든 식의 뿌리인 제8식이 그것이다. 제8식은 아뢰야식이라 부르는데 우리의 심층에 있는 무의식으로서 우리의 모든 생각과 행동의 결과가 그 속에 전부 기록 보존된다고 하여 장식(藏識)이라고도 부른다. 불교의 유식학(唯識學)에 의하면 앞의 여섯 가지 식과 제7식은 모두 제8 아뢰야식이 만들고 육성하는 것이며 우리가 보는 외계의 사물도 실은 제8식이 만들어 낸 것이라고 한다.

그러므로 우리가 본다는 것은 우리 마음이 만든 것을 우리 마음이 본다는 것이 된다. 이 식의 특성은 모든 현상을 둘로 나누어 분별하는 것이다. 나와 너, 길다 짧다, 높다 낮다 등 분별하는 것이 식의 작용이다. 여덟 가지 가운데서 제6식과 제7식이 사량분별(思量分別)하는 중추의식이다. 사실 인간의 모든 괴로움은 실상(實相)을 있는 그대로 보지 못하고 두 가지로 나누어 분별하는 식에 큰 원인이 있다고 해도 과언이 아니다. 사람들이 수행을 깊게 하여 우리의 식(識)이 지혜(智慧)로 전환되면 깨쳐 성불하게 된다. 다섯 가지 감각기관은 무엇이든 마음 먹은 대로 이루는 지혜인 성소작지(成所作智)가 되고 제6식은 사물을 있는 그대로 보는 묘관찰지(妙觀察智)가 된다. 그리고 제7식은 모든 사람과 사물을 평등하게 보는 평등성지(平等聖智)로 전화되고 제8식은 모든 사물을 있는 그대로 비치는 맑고 밝은 거울 같은 지혜인 대원경지(大圓鏡智)가 된다.

식이 인연이 되어 우리의 몸과 마음(名色)이 생겨난다. 사람의 탄생 과정을 보면 우선 생명체가 잉태되고 그 속에 생명의 주인공인 제8식이 작용하여 제7식과 제6식을 만들고 이어서 각종 감각기관을 만든다. 이렇게 우리의 몸과 마음이 만들어져 세상에 나오면 그때부터 나와 대상을 구분하여 보게 되는데 외계의 대상을 인식하고 분별하는 중요 기관이 이른바 여섯 가지 기관[六入]이다.

이 감각기관과 접촉[觸]하여 느끼고[受], 그것이 즐거운 것이면 사랑하고 갈애[愛]하여 가지려[取]고 집착한다. 그러한 과정을 거쳐 짝을 이루고[有] 새로운 생명이 탄생[生]한다. 그 생명체는 점점 자라서 고심하고 고뇌하고 슬퍼하며 살다가 늙어서 죽는다[老死]. 이러한 과정을 열두 가지로 나누어 설명한 것이 바로 십이연기법(十二緣起法)이다.

이러한 부처님의 설법을 듣고 많은 사람들이 모든 번뇌에서 해탈하고 깊고 묘한 선정을 얻고 여섯 가지 신통력을 얻었으며 여덟 단계의 해탈을 얻게 되었다. 여덟 단계의 해탈[八解脫 : asta vimoksa]은 인간이 가질 수 있는 유형·무형의 집착으로부터 단계별로 해탈하는 것을 말한다.

첫 단계의 해탈은 수행자가 자기 몸의 내부나 외부에 있는 형상에 대하여 깨끗하지 못한 것이라고 관하여 형상에 대한 집착심으로부터 해탈하는 것이다. 예를 들면 아름다운 젊은 여인에 대한 강한 집착으로부터 벗어나기 위하여 수행자는 그 여인의 몸이 시퍼렇게 멍이 들어 있다고 관하는 것이다.

두 번째 단계는 외부의 형상들이 부정(不淨)하다고 관하여 앞의 단계에서 얻은 해탈을 더욱 강화시키는 것이다.

세 번째 단계는 아름답고 순수한 것에 대하여 관하여 앞의 두 가지 부정관(不淨觀)으로 치우친 것을 바로 잡는 것이다. 아름다움을 관하되 그에 대한 집착은 갖지 않도록 한다.

네 번째의 공무변처(空無邊處), 다섯 번째 단계의 식무변처(識無邊處), 여섯 번째의 무소유처(無所有處), 그리고 일곱 번째 단계의 비상비비상처(非想非非想處)의 네 가지 단계는 무형상의 선정삼매로서 우리의 의식 활동을 극복하는 과정이다.

그리하여 마지막 여덟 번째 단계인 멸진정(滅盡定)의 단계에 이르러 감수 작용과 인식 작용이 완전히 소멸하고 해탈하게 된다고 한다. 이러한 법문을 네 차례나 반복하여 설한 결과 제자들의 마음이 해탈을 얻고 성문이 되었다.

그러나 16왕자들은 그에 만족치 아니하고 무상의 정각을 얻는 진리를 설해 줄 것을 부처님께 간청하였고, 부처님은 그들의 청에 응하여 드디어 묘법연화경을 설하였다. 이 법화경은 보살을 가르치는 중요한 가르침으로서 부처님들이 항상 마음으로 지키는 법이다. 16명의 보살 사미는 법화경을 듣고 설한 대로 수행하여 모두 성불하였고 그들 또한 많은 제자들을 두고 교화하였다. 석가모니 부처님이 말씀하시길, "16보살은 항상 묘법연화경을 설하길 좋아하였으며 한 사람 한 사람의 보살이 교화한 무수한 중생들은 세세생생 보살과 함께 태어나서 그의 법문을 듣고 모두 믿고 이해하였다. 이런 인연은 지금까지 끝나지 아니하였다."고 한다.

16보살 사미는 오랜 수행 끝에 모두 성불하였는데 아촉불과 아미타불도 그중의 하나이며 마지막 열여섯 번째가 석가모니불 자신이었다. 지금 이 법화경의 가르침을 듣고 있는 성문 제자들 모두가 그때의 제자들이었다. 과거에도 그랬지만 금생에도 그 동안 자질을 생각해서 방편으로 성문과 연각의 법을 설했지만 무상의 바른 깨침은 오직 일불승(一佛乘)뿐이라고 한다. 그러면서 부처님은, "여러 수행자들이여, 여래가 열반할 시기에 이르렀고 대중도 청정하여 믿고 이해함이 견고하며 공법(空法)을 통달하여 선정에 깊이 드는 것을 알면 여래는 여러 보살과 성문들을 모아 놓고 법화경을 설한다. 세상에서 이승(二乘)으로는 열반을 얻을 수 없고 오직 일불승(一佛乘)으로만 열반을 얻느니라." 하고 설한다.

그러면서 부처님은 신통력으로 임시로 만든 도성의 비유를 들어 제자들의 의혹을 제거한다. 성문 제자들이 도달한 아라한의 지위는 궁극의 목적지가 아니고 중간에 임시로 만들어 놓은 베이스 캠프 같은 쉼터라는 것이다. 모든 수행자의 궁극적 목표는 모두 석가모니 부처님과 똑같이 성불하여 부처가 되는 것이다.

석가모니 붓다나 과거의 모든 붓다들이 왜 곧바로 누구나 다 부처가 될 수 있다고 가르치지 않고 모든 것은 고통[一切皆苦]이고 그것으로부터 해탈하는 길이 있다고 방편의 가르침을 우선 펴게 되었는가의 주된 이유는 소학생들에게 대학 수준의 지식을 곧바로 가르칠 수 없듯이 듣는 사람들이 아직 준비가 안 되었기 때문이다. 특히 요즘같이 먹고 살기 바쁜 시대의 사람들에게 여기 성불하는 법이 있으니 가르쳐 주겠다고 하여도 관심을 기울이는 사람이 많지 않다. 대부분의 사람들은 직장을 얻고 열심히 일하여 돈을 벌고 결혼하고 살집을 장만하고 여행하는 등 세속적인 행복을 추구하는 일에 큰 관심을 가지고 그외의 것에는 별 흥미를 느끼지 않는다. 그것은 예나 지금이나 마찬가지이다. 그러나 그렇게 세속적인 행복을 치열하게 추구하는 가운데 엄청난 고통과 고난을 겪게 되고 따라서 그 고통에서 벗어나는 일에 큰 관심을 갖게 된다. 그러므로 자연히 그들의 관심사인 고통의 문제를 설법의 주제로 다루게 된 것이고 그것이 모든 붓다들이 궁극적 진리를 설하기 전 준비 과정의 하나로 방편법을 설하게 된 이유이다.

법화경의 방편품에서 이 품에 이르기까지 궁극적인 진실을 설하지 못하고 40여 년간의 방편법을 설하게 되었으며 이제 어느 정도 준비가 되었기 때문에 이 법화경에 이르러 누구나 본래 부처이기 때문에 모두 법화경을 듣고 성불할 수 있다고 선언하는 것이다.

그러므로 우리가 꼭 알아 두어야 할 것은 부처님이 정각을 이루시고 처음 설법을 시작하여 금강경 등 반야 계통의 설법까지 40여 년간의 모든 가르침은 베이스 캠프처럼 에베레스트산의 정상에 오르기 전 잠시 쉬며 준비하는 곳이란 점이다. 그때까지의 수행으로 얻은 것이 아라한이든 또는 몇 단계의 보살 수행이든 불문하고 끝이 아니라는 것이다.

또 한 가지 이 화성유품을 읽으며 꼭 알고 넘어가야 할 점은 석가모니 부처님을 비롯하여 모든 부처님은 과거에 모두 묘법연화경을 듣고 그에 따라 수행하여 모두 성불하였다는 사실이다. 석가모니불도 대통지승으로부터 법화경의 설법을 듣고 무상의 깨침을 얻고 성불하였으며 과거 위음왕불이 계실 때 상불경보살로 있었던 석가모니불은 법화경을 듣고 수명이 연장되고 그 후에 많은 부처님을 만나서 또한 법화경을 듣고 결국 성불하였다. 성불하는 길은 법화경 이외에는 다른 길이 없다고 하는 것이 법화경의 시종일관된 주장이다.

끝으로 법화경은 앞에서 인용한 것처럼 부처님이 ① 열반하실 때가 가까웠고 ② 중생들의 신심이 견고하고 ③ 공법(空法)을 통달하고 ④ 깊은 선정에 드는 능력을 갖추었을 때가 되어야 비로소 설한다는 사실이다. 아무튼 이 화성유품까지를 듣고 드디어 믿고 알게 된 부루나를 비롯한 500제자들과 아난다를 비롯한 2,000인의 제자들은 앞에서 이미 말한 대로 모두 장차 성불하게 되리라는 수기를 받게 된다.

법사품

법화경을 들으면 누구나 성불한다

지금까지의 설법에서는 성문 제자들이 주로 설법의 대상이었는데 제 10 법사품에 와서 보살들이 처음으로 설법의 대상으로 등장한다. 법사품 이후부터는 보살들이 무대의 주역으로 등장하게 된다. 법사는 법화경을 받아 지니고 독송하고 베껴 쓰고 남에게 해설하는 사람을 가리킨다. 앞에서는 성문 제자들에게 수기를 주었는데 이 법사품은 부처님 앞에서 또는 여래가 열반한 후에라도 법화경의 한 구절이라도 듣고 일념으로 따라 기뻐하는 사람은 모두 무상의 정각을 얻고 부처가 될 것이라고 수기하는 것으로서 시작한다.

석가모니 부처님이 열반하시고 2,500여 년이 지난 오늘날에도 사람들이 법화경의 한 구절이라도 듣고 기뻐하면 누구나 다 궁극의 깨침을 얻고 부처가 될 수 있다고 하는 것이 법화경이 우리에게 주는 축복의 가르침이다. 우리는 누구나 다 본래부터 깨쳐 있다고 하는 사실을 법화경을 통하여 비로소 알게 된다.

이 묘법연화경을 수지 독송하고 해설하는 법사는 이미 오래전에 많은 부처님들 밑에서 수행한 대보살로서 이미 크게 깨쳤지만 중생들을 구하기 위하여 자청하여 이 세상에 태어나서 묘법연화경을 널리 해설하고 홍포하는 여래의 사신이라고 한다. 법사는 이와 같이 막중한 임무를 수행하는 사람들이기 때문에 부처님이 항상 보호하신다. 그러므로 마치 부처님을 공경하듯 법사를 공경하여야 한다. 어떤 사람이 악한 마음으로 한 겁 동안 부처님을 비방하면 그 죄가 매우 크지만 법사를 비방하거나 훼방하는 것은 앞의 죄보다 더 크다고 한다. 왜 그런가 하면 법사가 하는 설법을 잠시 동안만이라도 들으면 누구나 곧 무상의 바른 깨침을 얻게 되기 때문이다.

이어서 법사품은 이 법화경이야말로 모든 불경 가운데 제일이며 여래가 이미 설하였고 현재 설하고 또 미래에 설하는 모든 경전 가운데 가장 믿기 어렵고 이해하기 어렵다. 이 법화경은 모든 부처님들의 신비한 진리의 창고[諸佛秘要之藏]이므로 모든 부처님들이 수호하는 바로서 부처님들조차 함부로 설하지 않는다. 그러므로 법사들도 때와 상대를 잘 가려서 조심스럽게 설법해야 한다. 이러한 법사는 모든 부처님들이 늘 보호하여 준다.

만일 법화경을 설하거나 독송하거나 쓰는 곳, 그리고 법화경이 있는 곳은 어디라도 모두 일곱 가지 보배로 장식된 탑을 쌓되 그 속에 부처님 사리를 봉안할 필요가 없다. 그곳은 이미 여래의 전신이 있는 [已有如來全身] 까닭이다. 다시 말하면 법화경이 곧 부처님이요 법화경을 수지 독송하는 것은 부처님으로부터 직접 설법을 듣고 가르침을 받는 것과 같은 것이다. 이 법화경을 수지 독송 및 해설하지 않는 사람은 올바른 보살이라 할 수 없고 법화 수행을 하여야 그는 무상의 깨침에 가까이 간 것이다. 일체 보살의 위없는 바른 깨침은 전부 이 법화경에 속한 때문이다. 마치 높은 산에서 우물을 파 내려가다가 젖은 흙이 나오면 이제 곧 물을 만나게 됨을 알 듯이 법화경을 수지 독송하면 곧 깨침에 가까이 다가간 줄 알아야 한다.

이 법화경은 지금까지 부처님께서 누누이 말씀하셨듯이 그동안 방편으로 설한 가르침을 지나서 궁극적 진실의 가르침을 보여 주는 것으로서 그 뜻이 매우 깊어 아는 사람이 없지만 이제 보살들을 교화하기 위하여 설하는 것이다. 여래가 열반하신 뒤 후세에 이 법화경을 해설하려면 ① 여래의 방에 들어가서 ② 여래의 옷을 입고 ③ 여래의 자리에 앉아서 대중들에게 널리 설해야 한다. 여래의 방이란 모든 중생에 대하여 큰 자비심을 내는 것이요, 여래의 옷이란 유화인욕심이요, 여래의 자리란 일체의 사물과 사람과 현상이 다 공(空)하다는 것이다. 인욕 수행은 자기에 대한 집착을 끊고 '나'를 죽여 아공(我空)을 실현하는 것이다. 인욕 수행으로 '나'를 죽인다는 것은 '나'라는 생각을 버리는 것은 물론이고 '내가 없다'는 생각마저 버려서 내가 있는 것도 아니고[非我] 내가 없는 것도 아닌[非無我] 중도를 행하는 것이다. 이것을 열반경에서는 '큰 나[大我]'라고 부른다.

일체 법공(法空)은 모든 사물이 실체가 없이 비어[空] 있다는 것을 말한다. 모든 현상이 공(空)하다는 것은 낮은 단계에서는 모든 사물에 변하지 않는 독립적인 실체성(實體性)이 없다는 것을 의미하지만 법화경의 법사품이나 안락행품에서 행하라고 하는 공은 거기에서 한 걸음 더 높은 단계로 나아가 실체성이 있다거나 실체성이 없다거나 하는 모든 분별의 상(相)을 초월한 절대적 공(空)을 말한다. 그것은 우리의 의식에서 사물이 실제로 존재한다거나 실재하지 않는다거나 또는 아름답다거나 아름답지 않다거나 하는 모든 분별과 차별의 상(相)을 비워버리는 것을 말한다. 그리하여 사물과 현상을 분별없이 있는 그대로 보는 것을 의미한다. 결국 아공과 법공을 실현하는 반야의 지혜와 자비심을 갖추는 것이 법화 수행의 핵심이다.

법화경 서품에서 아라한에 대한 묘사 가운데 '자기 이익을 얻은'이라는 표현이 등장하고 보살마하살은 '자비로 몸을 닦는' 수행자라는 표현이 나온다. 이 표현이 보여 주듯이 법화 수행자는 소승의 수행자들처럼 자기 자신만의 깨침을 추구하지 않고 보살들처럼 고통받는 중생들을 고통에서 제도하고 깨치게 하는 데 수행의 주목적을 두어야 한다. 이와 같이 법화 수행자에게 있어서 자비의 수행과 실천이 대단히 중요하지만 그것 역시 공과 마찬가지로 높은 차원의 자비행(慈悲行)을 말한다. 그것은 내가 '저 사람에게' '도움을 준다'는 생각을 가지고 하는 것이 아니고 모든 분별의 상(相)을 떠난 대자비심을 말한다. 상에 집착한 자비행을 계속하다 보면 '나는 저 사람을 돕고 있다'는 생각으로 자칫 그것을 행하는 사람의 아상(我相)만 키울 수 있어 수행의 목적에 역행하는 결과를 가져올 수 있다.

이와 같이 법사는 대자비심과 공의 반야 지혜를 갖춘 가운데 설법해야 한다. 여래의 옷을 입고 여래의 방에 들어가서 여래의 자리에 앉는 사람은 여래이거나 여래와 같은 사람이다.

그러므로 부처님은 여러 가지 방법으로 이 법사를 보호하고 도와주신다. 그로 하여금 부처님의 몸을 보게도 하시고 그가 혹 경의 구절을 잊어버리면 그에게 가르쳐 주어 다시 알게도 하신다. 그러므로 누구나 그 법사를 공경하고 친근하여 그로부터 가르침을 받으면 보살의 도를 빨리 얻게 되고 속히 무상의 깨침을 얻게 된다.

법화경 방편품에서 부처가 되는 것도 인연 따라 된다고 하셨다. 우리는 누구나 다 본래부터 부처가 될 수 있는 씨앗인 불성(佛性)을 갖추고 있지만 법사를 만나서 법화경을 듣는 좋은 인연이 없으면 마치 좋은 꽃씨가 흙과 물과 햇볕 등 좋은 조건을 만나지 못하여 싹을 틔우고 자라서 꽃을 피우지 못하듯이 깨치고 성불하는 기회를 가질 수가 없다. 그러므로 성문 제자들에게 수기를 주신 다음 이 법사품에 와서 법화 수행자들이 법사를 통하여 법화경과 맺는 인연이 중요함을 역설하신 것이다.

그리고 꼭 기억해야 할 것은 법화경의 한 구절이라도 듣고 기뻐하면 누구나 다 깨쳐 성불할 것이라는 점이다. 법화경 이전까지의 설법은 모든 강이 바다에 귀일하듯이 법화경에 귀일되고 법화경의 내용은 묘법연화경이란 제목으로 대표된다. 그러므로 '나무 묘법연화경' 하고 제목만이라도 염송하면 누구나 다 깨쳐 성불할 수 있다는 것이다.

견보탑품
진리를 보여 주다

법화경은 마치 잘 짜여진 연극을 보는 것과 같다고 앞에서 지적하였다. 모든 시각과 청각의 드라마틱한 방법과 많은 비유들을 동원하여 진리를 전달하고자 한다.

법화경 서품에서 부처님은 신통력으로 동쪽의 18,000세계를 법회에 모인 모든 사람들이 눈앞에서 직접 볼 수 있게 하였고 제 11 견보탑품에서는 땅속에서 다보불탑이 법화경 설법하는 곳에 솟아올라 오는 광경을 연출한다. 이러한 광경은 뒤에서도 종종 보여지는데 무수한 보살들이 땅을 찢고 솟아올라 오는가 하면 문수보살이 교화한 많은 용궁의 제자들이 바다를 가르고 솟아 나와 부처님 설법하는 곳으로 모여 오기도 한다. 이러한 광경은 모두 부처님이 가르치고자 하는 진리를 효과적으로 전달하고 이해시키고자 하는 데 그 뜻이 있다.

법사품의 설법이 끝나고 나서 부처님 앞에 엄청나게 크고 많은 보배로 장식된 칠보탑(七寶塔)이 땅에서 솟아올라 공중에 머물고 그 탑

속에 계신 다보불이 "참으로 좋습니다. 석가모니불 세존께서 보살을 가르치는 진리이며 부처님들이 보호하는 묘법연화경을 대중들에게 설하시니 그 설법 모두가 진실합니다." 하고 찬탄한다. 이 광경을 보고 모든 대중은 모두 큰 기쁨을 얻고 한편 놀라워하고 있었다. 그때 대요설보살이 무슨 연유로 보배탑이 땅으로부터 솟아올라 왔느냐고 부처님께 묻고 이에 대답한 것이 이 견보탑품의 설법이다.

우선 알아 두어야 할 것은 보배탑 속에 계신 다보불은 아주 오래전에 상상도 할 수 없는 먼 동쪽의 세계에 계셨던 부처님으로서 이미 열반하신 부처님이라는 사실이다. 그 부처님이 도를 닦을 때 내가 성불하고 열반한 뒤에 시방 세계 어느 곳에서나 묘법연화경을 설하는 곳이 있으면 그때 탑을 타고 그 앞에 솟아나서 법화경이 진실임을 증명하겠다고 서원을 세운 것이다. 그는 제자들에게 내가 열반한 다음 나의 전신에 공양을 하려거든 큰 탑을 하나 만들어 세우라고 당부하였다. 지금 눈앞에 솟아나서 허공에 머물러 있는 탑 속의 다보불은 바로 오래전에 열반하신 부처님의 이른바 법신(法身)이며 동시에 대중들에게 법화경을 증명하기 위하여 나투신 일종의 화신이다. 법신이란 궁극적 진리 그 자체를 말하고 현실 속의 우리와 같은 몸을 가진 부처님은 중생을 제도하기 위하여 나타낸 몸, 즉 화신(化身)이다. 불가에서는 법신과 화신 외에 수행의 공덕으로 얻는 모든 것을 이상화한 보신(報身)을 합하여 세 가지 몸[三身]이 있다고 한다.

하여간 모든 대중을 대표하여 대요설보살이 다보 부처님의 몸을 보고 싶다고 말하고 부처님은 다보불의 요청에 따라 여러 세계에 계신 석가모니의 분신불(分身佛), 즉 화신의 부처님들을 다 이곳에 모이게 한 후라야 된다고 말한다. 그리고 광명을 발하여 그 분신 부처님들의 세계를 비추고 그 분신 부처님들은 석가모니 부처님의 부르심을 알고 자기 휘하의 많은 보살들과 함께 사바세계로 온다. 그와 동시에 부처님은 이 더럽고 고통으로 가득찬 사바세계를 청정한 낙원으로 변화시킨다. 더럽고 고통으로 가득한 이 땅이 곧 청정한 낙원이라고 백 번 말로 하는 것보다 우리가 직접 눈으로 보게 하는 것처럼 효과적인 가르침은 없다. 모든 청법 대중은 예토(穢土)가 곧 낙토(樂土)임을 곧바로 깨치게 되었다. 이와 같이 하나의 불국토가 되고 시방(十方)의 모든 분신 부처님들이 다 모여서 자리에 앉자 석가모니 부처님이 드디어 칠보탑의 문을 열었다.

그러자 그 탑 속에는 다보여래께서 사자좌에 앉아 있는데 전신은 한점 흐트러짐도 없이 깊은 선정에 든 것처럼 보였다. 그때 다보불이, "참으로 훌륭하십니다. 나는 석가모니 부처님이 묘법연화경을 설하시므로 그것을 듣기 위하여 이곳에 왔노라." 하고 말씀하시는 것을 두루 듣게 되었다. 다보불의 요청으로 석가모니불은 다보불이 반으로 나누어 주신 바로 옆 자리에 정좌하게 되고 모든 청법 대중을 신통력으로 모두 허공에 머물게 하였다. 이리하여 기사굴산에서 시작한 영산회상의 법회는 이제 다보불탑이 있는 허공 중에서 이루어지게 되었다.

이러한 모든 놀라운 광경을 연출하신 후 드디어 부처님은, "앞으로 누가 이 사바세계에서 법화경을 널리 설하겠는가? 여래는 오래지 않아 열반에 들 것이므로 지금 이 묘법연화경을 부촉하고자 한다."고 선언한다.

이 경을 수호하는 사람은 곧 나와 다보불을 공양하는 것이라고 말씀하신다. 법화경이 곧 부처님이라는 말씀이다. 그러면서 이 법화경을 수지 독송함이 얼마나 어려운 일인가를 자세히 말씀하신다. 부처님이 열반하시고 악한 세상에 이 법화경을 설하는 것이 가장 어렵고, 이 법화경을 직접 쓰거나 남을 시켜서 쓰는 일이 어렵고, 잠깐 동안이라도 독송하는 일이 어렵고, 한 사람에게라도 이 경을 설하는 것이 어렵고, 이 경을 듣고 그 뜻을 묻는 일이 어렵고, 부처님이 열반한 후 악한 세상에서 이 법화경을 받아 가지는 일이 가장 어렵다. 수미산을 많은 세계 밖으로 던지는 일도 이보다는 어렵지 않고 허공을 걸어다니는 일도 이보다 어렵지 않다고 한다.

그 동안 부처님은 여러 가지 많은 경을 설했지만 그중에서도 이 법화경이 제일 으뜸이며 만약 이 경을 수지하면 그것은 곧 부처님 몸을 지니는 것[若有能持 則持佛身]이 된다고 한다. 다시 말하면 법화경을 받아들여 지니고 독송하고 설한 대로 수행하면 그것으로 곧 부처의 몸을 지니게 되니 곧 부처가 된다는 뜻이다. 참으로 의미심장한 말씀이다. 법화경과 부처님이 하나요, 내가 법화경을 수지 독송하면 나와 법화경과 부처님이 하나가 된다는 것이다. 법화경의 가르침을 다 받아들여 수행하면 그 모든 가르침이 내 몸과 마음에 다 침투하여 훈습(熏習)되고 그대로 체화(體化)되어 나와 하나가 된다. 그때 비로소 내가 곧 진리인 법화경이요, 진리의 몸인 법신(法身)이요, 부처의 몸[佛身]이 된다는 뜻이다.

이 견보탑품은 여러 가지 점에서 많은 귀중한 가르침을 보여 준다.

첫째, 법화경 방편품에서 부처님은 부처의 지혜를 열어서[開] 보이고[示], 깨닫게 하고[悟], 그리고 그 지혜에 들게[入] 하기 위하여 세상에 출현하신다고 하였다. 이 견보탑품에 이르러 다보탑을 열고 그러한 부처의 지혜, 즉 절대 궁극의 진리인 법신을 바로 대중들에게 보여 주었다. 그리고 다보불이 법화경을 듣고 그것을 찬탄하게 되는데 그것이 곧 화신불이다. 다시 말하면 보탑 속의 다보불은 상주 법신인 동시에 화신불인 셈이다. 법신·보신·화신의 삼신(三身)은 결국 하나임을 보여 주는 것이다.

티베트 불교의 마하무드라와 족첸 종파(宗派)에서는 우리 마음의 텅빈 본성을 허공성(虛空性)이라고 하고 그것이 다름 아닌 법신(法身)이라고 부른다. 우리 마음의 본성품은 또한 신묘하게 알고 불가사의한 모든 것을 창조하는 능력과 공덕을 갖추고 있는데 이것을 광명성(光明性)이라고 부르고 바로 보신(報身)이라 한다. 이러한 모든 공덕과 능력을 갖춘 우리 마음은 계기가 주어지면 필요에 따라 여러 가지 작용을 하는데 이것을 마음의 나툼이라 하고 화신(化身)이라 부른다. 우리는 누구나 다 이러한 마음의 본성을 가지고 있고 그것을 깨닫는 것이 견성하여 성불하는 길이라고 한다. 이런 시각에서 보면 법신이 곧 화신이고 보신이다. 그러므로 법신·보신·화신의 셋이 결국 하나인 셈이다. 뒤의 여래수량품에 등장하겠지만 석가모니 본불 역시 법신불로서 상주불멸하고 이 견보탑품에서 석가모니의 분신불들은 말하자면 본불의 화신불인 셈이다. 본체인 바다에서 수시로 파도가 일어나듯이 법신이란 본체에서 필요하면 화신불이 나툴 수 있다.

두 번째로는 고통과 더러움으로 가득한 사바세계를 변환하여 깨끗하고 안락한 정토를 만들었는데 그것은 예토와 정토가 결국 하나임을 보여 주기 위한 것이다. 극락이 우리가 사는 세상과 동떨어진 별천지가 아니고 우리가 살고 있는 이 생활 세계가 곧 그대로 낙원이요 극락이란 것이다. 모든 현상 그대로가 진리의 실상이라는 방편품의 가르침을 눈앞의 현실로 보여 주는 것이다.

이 법화경을 묘법연화경이라고 부르는 것도 이러한 깊은 뜻을 나타내 보이는 것이다. 연꽃 한 송이는 있는 그대로 완벽한 꽃이다. 완벽한 꽃이 되기 위하여 달리 어떤 것이 더 필요하지 않다. 그 완벽성은 본래적으로 갖추어져 있다. 연꽃은 더러운 진흙 물 속에서 자라서 아름답고 깨끗한 꽃을 피운다. 그 꽃 속에 더러움과 깨끗함이 하나가 되듯이 무명과 깨침이 하나가 되고 사바세계와 정토가 하나이다. 우리 한 사람 한 사람도 있는 그대로 다 완벽한 존재며 모두 불성을 가지고 있어 부처와 다르지 않다. 그는 행복할 수 있는 모든 것을 자신의 내부에 본래적으로 다 갖추고 있다는 것이 법화경의 가르침이란 것을 알아야 한다.

끝으로 지금까지 이 법화경을 설하신 부처님은 저 인도의 카필라성에서 출생하여 6년 고행 끝에 보리수 아래서 큰 깨침을 얻고 성불하신 역사적 부처님이다. 그리하여 지금까지 설법하신 부분을 역사적 차원의 가르침, 또는 적문(迹門)의 가르침이라고 부른다. 그런데 이 견보탑품에 이르러 궁극적인 진리의 법신을 보이므로 이른바 궁극적 차원의 가르침이 시작되는 것이다. 그리고 역사적 차원의 부처님과 궁극적 차원의 부처님이 같은 자리를 반씩 나누어 앉으신 것은 역사적 차원의 가르침인 방편과 궁극적 차원의 가르침인 실상이 다르지 않고 결국 하나라는 것을 보여 주는 것이다.

제바달다품
악인도 성불한다

제 12 제발달다품에서는 부처님이 아주 오랜 과거의 전생에 묘법연화경을 만나게 되는 인연을 말하고 문수보살이 바닷속 용궁에서 교화한 중생 가운데 하나인 용왕의 딸이 많은 대중 앞에서 순식간에 성불하는 광경을 보여 준다.

부처님은 아주 오랜 옛적에 묘법연화경을 구하기 위하여 부지런히 보시하고 목숨까지 아끼지 않는데 국왕의 자리를 태자에게 위임하고 어떤 선인(仙人)을 찾아가서 천년이란 오랜 세월 동안 몸과 마음을 다 바쳐 시중 들고 마침내 그로부터 묘법연화경을 받아들여서 수행하여 마침내 성불하게 되었다. 그때의 선인이 지금의 제바달다이고 그때의 왕이 지금의 석가모니불이었다고 그 인연을 말씀한다.

이어서 부처님은 제바달다는 한량없는 오랜 세월 뒤에 성불할 것이라고 수기를 주신다. 제바달다는 사실은 석가모니 부처님의 사촌인데 출가하여 부처님의 제자가 되었다. 그는 욕심이 많은 사람으로 부처님으로부터 교단을 넘겨받고 싶은 욕심에 사로잡혀 여러 가지 악행을 저지른 사람이 되었다. 뜻대로 잘 안 되자 교단에서 자기를 추종하는 수행자 500여 명을 데리고 나가서 별도의 교단을 만들었다. 그때 원로 사리불과 목건련이 그곳에 합류하여 한동안 지내다가 돌아오면서 그 무리들을 거의 대부분 데리고 돌아왔다. 그를 추종하는 무리는 겨우 5~6명에 불과한 초라한 꼴이 되었다.

자기의 욕심을 뜻대로 쉽게 채울 수 없음을 알고 그는 드디어 세 차례나 부처님을 해치려고 하였다. 한 번은 자객을 시켜서 해치려고 하였고 또 한 번은 높은 산에서 그 밑에서 쉬고 계신 부처님을 향해 큰 바위를 굴려서 해치려 하였고 세 번째는 사나운 코끼리를 풀어서 부처님을 해치려고 하였으나 세 차례의 시도는 모두 실패로 돌아갔다. 그는 죽을 병을 얻고 마지막에 부처님 계신 곳으로 왔으나 다시 뵙지는 못하고 입구에서 목숨을 마치게 되었다. 땅이 갈라지면서 그 속으로 들어가 버렸다고 한다. 그는 바로 지옥으로 갔다고 사람들이 믿고 있다. 자기의 부왕(父王)을 해치고 왕이 된 다음 제바달다를 뒤에서 후원해 주었던 아사세왕은 정신착란 증세로 고생하다 결국은 부처님께 귀의하여 법문을 듣고 나았다고 한다. 그후 아사세왕은 자기의 부왕 빔비사라왕처럼 부처님의 큰 후원자가 되었다.

이와 같은 큰 악행을 저지른 제바달다도 전생에는 부처님께 묘법연화경을 전수한 선지식이었다. 하여간 이러한 악인조차 장차 보살도를 완성한 후에는 성불할 것이라고 수기를 주신 것이다. 사람은 본래부터 악인이 아니다. 악인조차 불성을 가지고 있으므로 언젠가 부처가 될 수 있음을 확신하고 묘법연화경의 가르침대로 수행하면 결국 성불한다는 것을 확실히 보여 주는 것이다.

이때 하방(下方)에서 다보 부처님을 따라온 지적이란 보살이 문수사리 보살에게 용궁에 가서 교화한 중생이 얼마나 되느냐고 묻는다. 문수보살은 보배 연꽃을 타고 다른 많은 보살들과 함께 바닷속 용궁으로부터 솟아올라 와서 영취산에 이르러 부처님께 예경한다. 무수한 보살들은 바다로부터 솟아올라 와서 모두 허공에 머물렀는데 이들은 모두 문수보살로부터 6바라밀과 대승의 공법(空法)을 익히고 법화경을 듣고 수행한 사람들이었다.

이때 지적보살이 문수보살에게 묘법연화경은 세상에서 매우 뜻이 깊고 미묘한 희귀한 경전인데, "중생들이 부지런히 정진하여 이 경을 닦아 행하면 속히 성불할 수 있나이까?" 하고 묻는다. 문수보살은 사가라 용왕의 딸이 있는데 나이 여덟 살이지만 지혜 있고 총명하여 부처님의 비밀한 진리를 다 받아 지녔으니 성불할 수 있음을 증명해 보일 것이라고 대답하였다. 그러나 지적보살이나 사리불 등 대중들은 과연 그럴 수 있을까 하고 의심한다. 부처님조차도 과거에 오랜 세월 동안 수행하여 성불하였고 더구나 여자는 성불의 그릇이 아니라고 생각하였기 때문이다.

그때 용녀가 앞에 나와서 부처님께 예를 올리고 모든 대중이 보는 앞에서 잠깐 사이에 위없는 깨달음을 얻어 성불하는 모습을 보여 준다. 비로소 모든 대중들이 그것을 믿게 되었다. 우리는 앞에서 성문 제자들에게 수기를 주는데 무수한 세월 동안 보살도를 구족하고 나

서 비로소 성불한다고 한 것을 보았다. 자칫 사람들이 성불의 길이 너무 멀고 요원하여 절망할까 염려되는 바 없지 않았다. 아마도 부처님께서는 이러한 대중의 회의심을 아시고 이 제바달다품에서 나이 어린 여자 아이가 그것도 축생인 용왕의 딸이 즉시에 성불하는 모습을 보여 줌으로써 그러한 회의심을 다 제거한 것이라 보인다.

권지품
홍법의 서원

부처님은 견보탑품에서 누가 여래가 열반한 후에 이 묘법연화경을 수호하여 널리 대중들에게 설하겠는가 하고 대중들에게 말하였다. 그에 대한 제자들의 대답이 제 13 권지품이다. 우선 약왕보살과 다른 보살들이 부처님이 열반하신 후에 이 경전을 받들어 지니고 독송하고 사람들에게 해설하겠다고 대답한다. 그들은 후세는 악한 세상으로서 사람들이 착하지 못하고 이익을 탐하고 알지도 못하면서 아는 체하지만 크게 참고 법화경을 널리 수지하고 해설함에 신명을 아끼지 않을 것이라고 서원한다.

이어서 수기받은 500아라한들과 유학무학(有學無學) 8,000명도 모두 다른 세계에서 법화경을 널리 연설하겠다고 말한다. 다른 세계에서 홍법하려는 이유는 이 사바세계 사람들은 패악하고 아는 체하며, 성내고 아첨 잘하며 진실치 못하고 공덕이 천박하기 때문이라고 한다.

이때 유독 마하파사파제 비구니와 야소다라 비구니가 내심 왜 우리만 수기를 받지 못하는가 하는 마음을 가진 것을 붓다께서 아시고 두 비구니와 나머지 6,000여 명의 비구니에게 앞에서 말한 대로 장차 성불하리라고 수기를 주신다. 수기를 받고 기쁨에 찬 비구니들도 다른 국토에서 이 법화경을 널리 설하겠다고 대답한다.

이때 80만억에 이르는 많은 보살마하살들을 바라보시자 그들 또한, "세존이시여, 저희들도 여래가 열반하신 후 시방세계에 다니면서 중생들로 하여금 이 경전을 받아 지니고 독송하게 하고 그 이치를 해설하여 진리대로 수행하고 올바른 생각을 가지게 하겠나이다." 하고 서원한다. 그러면서 그들은 부처님이 열반하신 후의 세상이 얼마나 어지럽고 악한 세상인가를 자세히 설명한다. 그렇지만 크나큰 인내의 힘으로 어려움을 극복하고 묘법연화경을 널리 펴겠다고 서원하면서 이 권지품(勸持品)은 끝난다.

그러자 문수보살이, "이 보살들이 부처님 열반 하신 후에 모두 묘법연화경을 보호하고 지니며 독송하고 해설하겠다고 서원하는데 어떻게 하면 미래의 악한 세상에서 이 경을 해설할 수 있겠습니까?" 하고 부처님께 여쭙고 그 질문에 대답하는 설법이 제 14 안락행품(安樂行品)이다.

안락행품
행복한 생활을 만드는 법화 수행법

법화경 안락행품(安樂行品)은 이른바 다섯 가지 혼탁하고 어지러운 세상에서 법화경 수지자가 항상 편안하고 즐겁고 행복한 생활을 하려면 꼭 지켜야 할 수행법을 설하고 있다. 법화 수행자는 법화경을 수지 독송하고 해설하되 항상 네 가지 법에 편안히 머물러야 한다[安住四法]. 그 네 가지 법을 요약해서 말하면 다음과 같다.

첫째로 대인 관계와 그에 관련된 행동 지침으로서 수행에 방해가 되거나 도움이 되지 않는 사람들을 가까이 하거나 친하게 지내지 말아야 한다. 살생을 업으로 하는 사람이나 매음녀 등 몇 가지 종류의 사람들이 그에 해당한다.

둘째로 같은 수행자를 비롯하여 그와 관계를 맺고 있는 사람들의 허물을 들추어 말하지 말아야 하고 특히 불법을 설할 때는 적당히 하여 많게도 하지 말고 적게도 하지 말아야 한다. 비록 불법을 좋아하는 사람일지라도 많이 설해서는 안 된다.

셋째는 마음가짐에 관한 것으로 항상 참고 그 마음을 유화하고 편안하게 가져야 하고 난폭하지 말아야 한다. 남을 시기 질투하거나 미워하지 말아야 한다.

넷째는 수행자의 원행(願行)으로서 이것도 일종의 마음가짐에 해당하지만 중요한 까닭에 경전에서는 별개의 항목으로 설하고 있다. 모든 수행의 첫걸음은 발원(發願)으로 시작된다. 그는 이 수행을 통하여 큰 깨침을 얻고 그러한 깨침을 얻은 후에 아직도 미망 속에 갇혀 고통받고 있는 다른 많은 사람들을 그 고통으로부터 구원하고 그들도 깨치게끔 돕겠다고 발원하는 것이다. 이것을 통하여 그는 자비심을 기르는 것이다.

다섯째는 지관(止觀)의 수행법이다. 법화경은 이 부분을 제일 처음의 수행자가 항상 행하고 가까이 해야 할 것[親近處]에 포함시키고 있지만 여기에서는 이해의 편의상 별도로 나누어 설명하기로 한 것이다. 법화 수행자는 틈만 있으면 조용하고 한가한 곳에서 항상 좌선하여 그의 산란한 마음을 거두어 다잡고 항상 집중되고 깨어 있는 상태로 유지하여 그 마음을 닦는다[常好坐禪 在於閑處 修攝其心]. 우리는 생활을 하면서 많은 것에 정신을 팔고 있고 마음을 빼앗기고 있다. 직장의 일에, 돈 버는 일에, 자식 키우는 일에, 이성에, 그 외에도 여러 가지 쓸데없는 일에 마음과 정신을 빼앗기고 있는데 이 흩어진 마음을 거두어 들여 다시 한곳에 오롯이 모으고 닦아 나가는 것을 '수섭기심(修攝其心)'이라 한다. 이것이 다름 아닌 지(止)의 수행이다. 경전에서 지의 방법을 상세히 설명하지 않은 것은 이미 다 알고 있다고 전제하였기 때문이다. 산란한 마음을 집중하여 고요히 가라앉히고 식(識)의 파랑(波浪)을 잠재우는 데는 여러 가지 명상법이 있지만 흔히 사용하는 것이 수식법(數息法)이다. 들숨과 날숨을 하나에서부터 열까지 세고 그것을 계속 반복하는 것이다. 그렇게 하여 마음이 조용하게 진정되고 집중되면 그때는 호흡 세는 것을 멈추고 들숨과 날숨을 그냥 의식만 하고 있으면 된다[隨息法].

이렇게 마음이 집중되고 깨어 있게 되면 그때 관법(觀法)을 시작한다. 법화경은, "모든 현상은 그 본성이 비어 있는 그대로 실상이요 진리라고 관하라(觀一切法空如實相)."고 가르친다. 남자와 여자, 유위와 무위[有爲無爲], 생이다 생이 아니다[是生非生], 실이다 실이 아니다[是實非實] 등 모든 것을 둘로 나누어 보고 시비분별하지 말라고 가르친다. 그렇게 현상을 시비로 분별하는 것은 모두 절대적인 궁극적인 진실이 아니기 때문에 버리라고 하는 것이다. 시비분별을 우리 마음에서 다 비워 버리는 것이 공(空)이요, 그렇게 다 버려야 중도실상(中道實相)을 얻게 된다. 이러한 지관의 명상 수행을 통하여 공(空)을 체험하고 해탈과 열반을 체험하고 시비분별을 떠난 마음의 본성을 체험하고 각성을 체험하고 열반의 즐거움을 체험하게 된다. 그리고 마음이 곧 법신이며 보신이고 화신임을 체험하게 된다.

우리는 까마귀를 '흉한' 새라고 분별한다. 까마귀가 본질적으로 흉한 새라면 세계 모든 사람들이 다 그렇게 보아야 한다. 그러나 일본 사람들이나 미국 사람들이나 다른 나라 사람들은 '흉한' 새라고 보지 않는다. 그들에게 있어서 까마귀는 그냥 까마귀일 뿐이다. 까마귀가 흉한 새라고 분별하는 사람은 까마귀가 어느 날 아침 그의 집앞 나무에 앉아 "까악까악" 하고 우는 소리를 듣는 순간부터 무슨 불길한 일이 일어나지나 않을까 하고 하루 종일 불안에 떨게 된다. 그가 까마귀의 본성이 본래 비어 있어 '흉한 것'이 까마귀에게 속해 있는 것이 아니고 우리가 그렇게 분별하기 때문이란 것을 알면 그는 까마귀를 그냥 까마귀로 보게 되고 그러면 까마귀가 아무리 울부짖어도 그의 마음은 무심하게 된다. 이것이 법화경 안락행품에서 가르치는 중도실상의 이치다. 법화경은 모든 사물과 현상을 '있는 그대로' 진실이요 실상이라고 보고 분별하지 말라고 가르친다[觀諸法如實相…不分別]. 시비분별을 하는 한 우리는 모든 사물을 있는 그대로 볼 수 없고 시비분별을 떠나지 않고는 절대 진리의 세계를 알 수가 없다.

이와 같이 이 법화경을 수지 독송하고 설한 대로 수행하는 사람은 ① 근심 걱정과 병과 고통이 없고, ② 빈궁하고 하천하게 태어나지 않으며, ③ 사람들이 그를 보기를 좋아하고, ④ 칼과 독극물도 그를 해치지 못하며 ⑤ 사자처럼 두려움 없이 세상을 살고, ⑥ 지혜의 밝은 광명이 밝은 해처럼 비친다고 한다.

끝으로 법화경 법사품에서는 또한 말법시대에 법화경을 해설하는 법사(法師)는 여래의 방에 들어가서 여래의 옷을 입고 여래의 자리에 앉아서 법화경을 설해야 한다고 한다. 여래의 방이란 일체 중생에 대한 대자비심이요, 여래의 옷이란 유화인욕심(柔和忍辱心)이요, 여래의 자리라 함은 모든 것이 공하다[一切法空]는 것을 말한다. 이 가르침이 경을 설하는 것에만 적용되는 것이 아니고 법화경을 수지 독송하고 설한 대로 수행하는 모든 법화 수행에 해당하는 지침인 것은 두말할 필요가 없다. 그리고 이 가르침은 앞에서 설명한 지침을 좀 더 간략하게 표현한 것에 불과하다.

천태지자 대사는 이것을 지행(止行)·관행(觀行)·자비행(慈悲行)의 세 가지 행이라고 한다. 지행이란 유화 인욕하여 마음에 일체 갈등이 없이 고요해지는 것으로 곧 법신(法身)을 닦는 행이며 여래의 옷[如來衣]이 된다. 관행이란 실상의 지혜요, 무분별의 빛이니 곧 반야를 닦는 행이어서 여래의 자리[如來座]가 되고 자비행은 네 가지 서원으로 널리 일체 중생을 제도함이니 곧 해탈을 닦는 행으로 여래의 방[如來室]이 된다. 이 세 가지 행은 결국 열반에 이르는 도리가 된다.

종지용출품
본화보살들

제 13 권지품에서 여러 성문 제자들과 보살들이 법화경을 수행하고 널리 해설하겠다는 서원을 부처님께 말하였다.

제 15 종지용출품에 와서 다른 세계에서 온 많은 보살들이 만일 세존께서 허락하신다면 부처님이 열반하신 후에 이 사바세계에서 부지런히 이 법화경을 수호하고 독송하며 널리 설하겠다고 서원한다. 그때 부처님은, "그만두어라. 그대들까지 이 경전을 수호하고 지킬 필요가 없다. 왜냐 하면 이 사바세계에는 6만 항하사 수의 보살이 있고 그 한 사람 한 사람의 보살이 또한 6만 항하사 수의 권속을 거느렸는데 이들이 내가 열반한 후에 이 경전을 수호하고 독송하며 널리 해설할 것이기 때문이다."라고 하시며 그들의 청을 허락하지 않는다. 참고로 항하사 수는 갠지스강의 모래의 양을 말하는데 얼마나 많은 수를 여기에서 말하는지 상상해 보면 놀라울 뿐이다. 바로 그때 사바세계의 삼천대천세계의 땅을 찢고 그 가운데서 무수한 보살마하살들이 솟아올라 온다. 이렇게 종지용출품은 시작된다.

일반적으로 종지용출품부터 제 28 보현보살권발품까지 14품을 궁극적 차원의 법문, 즉 본문(本門)이라 부르고 그 이전의 14품을 역사적 차원의 법문인 적문(迹門)이라고 부른다. 그러나 앞에서 견보탑품이 절대적 진리를 보여 준 것이라고 한 것처럼 궁극적 차원의 가르침은 이미 종지용출품 이전에도 있다고 볼 수 있다.

앞에서도 지적했듯이 법화경은 몇 개의 장으로 구성된 일종의 연극이다. 등장 인물도 다양하고 각 장마다 기상천외한 광경과 사건들이 자주 일어난다. 그것은 모두 진리를 쉽게 보여 주기 위한 방편인 셈이다. 견보탑품에서 아름다운 보탑이 땅으로부터 솟아나오는가 하면 제바달다품에서는 문수보살이 교화한 무수한 보살들이 바닷속에서 솟아올라 왔다.

드디어 이 종지용출품에 와서는 참으로 무수한 보살들이 땅으로부터 솟아올라 와서 허공에 머무는 장면을 보여 준다. 그들이 바로 여래가 열반한 후에 법화경을 수호하고 널리 해설하는 임무를 수행할 사람들이다. 그들의 몸은 금빛이고 한량없는 밝은 빛을 띠고 있으며 32가지 아름다운 모습을 갖춘 보살들로서 이 사바세계의 아래 허공 중에 머물고 있다가 땅을 가르면서 나타난 것이다. 사람이 늘 허공에 머물고 있으면 모든 것이 공(空)일 것이다. 보이는 것이 허공밖에 없는데 무슨 대상에 대한 집착심이 남아 있겠는가. 허공에 머물러 있다는 것은 늘 공을 실천하고 있음을 상징적으로 보여 주는 것일 것이다. 수행이 완성된 사람은 빛의 몸을 갖게 된다고 한다. 이 본화보살들이 바로 그러한 빛의 몸을 한 사람들이 아닌가 생각된다.

그들은 땅에서 솟아 나와서는 허공 중에 머물면서 석가모니불과 다보불에게 문안 인사를 올린다. 엄청난 수의 보살들이 모두 문안을 하니 그 걸리는 시간이 50소겁(小劫)이 되지만 부처님의 신통력으로 한나절처럼 느껴진다. 이러한 놀라운 광경을 목격하게 된 보살들과 기타 대중들이 모두 의혹에 빠졌다. 저렇게 많은 보살들은 누가 교화하였으며 어떤 진리를 터득하고 무슨 경전을 배웠는가 모두 궁금해 하였다. 그리하여 미륵보살이 대표로 그러한 궁금한 점을 부처님께 여쭙는다. 부처님은 "그대들은 모두 일심으로 정진하는 굳은 마음으로 들어야 한다. 이제 여래가 모든 부처의 지혜와 모든 부처의 자재한 신통의 힘과 모든 부처의 사자와 같은 힘과 여러 부처의 위력과 세력을 보여 주리라." 하시면서 부처님이 이 사바세계에서 무상의 큰 깨침을 얻은 후 이 보살들을 교화하고 지도하였으며 그들의 마음을 조복받고 불도의 마음을 내게 하였다고 대답한다.

그 보살들은 그때부터 ① 허공에 머물면서 ② 모든 경전을 독송하고 통달했으며 바르게 알고 기억하였고 ③ 항상 많은 사람 있는 곳에서 말많이 하길 좋아하지 아니하고 ④ 항상 조용한 곳에서 쉬지 않고 정진하는 것을 좋아하고 ⑤ 사람이나 하늘에 의지하여 머물지 아니하고 ⑥ 깊은 지혜를 좋아하며 장애가 없고 ⑦ 모든 불법을 좋아하고 일심으로 정진하여 위없는 지혜를 구한다. 이 보살들은 부처님의 교화를 받고 항상 선정에 있길 좋아하고 인욕심이 크고 뜻이 견고하고 두려움이 없으며 몸의 상호가 아름답고 큰 신통력을 갖추고 따라서

중생들이 늘 보기를 좋아한다.

그러자 대중들이 다시 의혹심을 갖게 되었다. 부처님이 성도하신 후 법화경을 설할 때까지 겨우 40여 년밖에 안 되었는데 어떻게 그 짧은 시간에 그렇게 무수한 보살들을 다 교화할 수 있을 것인가 모두 궁금하지 않을 수가 없다. 그것은 마치 25세된 젊은 청년이 100세된 노인을 가리켜 나의 아들이라고 하는 것처럼 상식적으로 믿을 수 없다는 것이다. 그러니 더이상 본인들은 물론 후세의 수행자들도 의심하는 죄업을 짓지 않게끔 설명해 주십사고 미륵보살이 대표로 간청하게 된다. 그리하여 사실 부처님은 상상할 수 없는 아주 오래전에 이미 성불하였고 그때부터 그 많은 보살들을 교화하였다고 말씀하신 것이 이 다음의 여래수량품이다.

부처님은 성불하여 지금까지 겨우 70세밖에 안 되었다고 모든 대중은 알고 있지만 사실 부처님은 그 수명이 실로 장원(長遠)하여 상주불멸이라고 말씀한다. 70세의 부처님은 역사적 차원의 부처, 즉 적불(迹佛)이고 여래수량품이 말하는 상주불멸의 부처님은 법신불(法身佛)로서 궁극적 차원의 부처인 본불(本佛)이다. 본불의 가르침을 받고 또 앞으로 특히 오탁(五濁)의 악한 세상인 말법시대에 법화경을 수호하고 홍포하는 일을 맡은 보살을 본화보살(本化菩薩)이라고 한다. 이렇게 하여 우리는 어느덧 궁극적 차원의 가르침에 들어오게 된 것이다.

여래수량품

이곳이 바로 낙원

중국의 감산 대사는 법화경 방편품에서 중생들에게 부처의 지혜를 열어서[開佛智見] 보이고[示] 깨닫게 하고[悟] 그리고 그 지혜에 들게[入] 하기 위하여 부처님이 세상에 출현하였다는 가르침에 따라 제 2 방편품에서 부터 제 10 법사품까지를 부처의 지혜를 여는 가르침으로 보고 제 11 견보탑품은 그 지혜를 보여 주는 것이며 제 12 제바달다 품에서 제 22 촉루품까지를 불지혜를 깨치게 하는 가르침으로 본다. 그리고 나머지 제 23 약왕보살본사품부터 제 28 보현보살권발품까지를 불지견(佛知見)에 들어가는 가르침이라고 한다. 이것은 어떤 점에서는 상당히 일리가 있고 흥미로운 분류라고 생각된다.

아무튼 견보탑품에서 다보불을 통하여 진리의 몸[法身]을 보여 주는 것을 계기로 드디어 궁극적 차원의 가르침이 시작되었다. 땅으로부터 많은 보살들이 솟아올라 와서 허공 중에 머무는 놀라운 광경을 보여 줌으로써 영산회상의 청법 대중들로 하여금 큰 기대와 궁금증을 고양시킨 다음 제 16 여래 수량품의 막이 열린다.

그 많은 본화보살들은 부처님이 아주 헤아릴 수 없는 오래전에 깨치고 나서 그들을 교화하였다고 종지용출품에서 선언하였다. 모든 대중이 어떻게 그러한 일이 40여 년이란 짧은 역사적 시간 속에서 가능한가 하고 궁금해 하게 되고 미륵보살이 그 연유를 부처님께 묻고 종지용출품은 끝났다. 그에 대하여 대답하시기 전 부처님은 우선 대중들에게, "그대들은 여래의 진실하고 참된 말을 마땅히 믿고 이해하여야 한다."고 세 번씩이나 다짐을 하고 청법 대중들은 마땅히 믿겠다고 세 번이나 다짐을 한다.

그때 비로소 부처님은, "이제 그대들은 여래의 비밀스럽고 신통한 힘을 자세히 들어라." 하시면서 모든 사람들은 여래가 가야성에서 나와서 멀지 않은 도량에서 무상의 깨침을 이루었다고 알고 있지만 사실 여래가 성불한 지는 헤아릴 수 없는 오래전의 일이라고 선언한다. "내가 성불한 지는 무량무변 백천만억 나유타 겁이니라."라는 표현은 그 수를 헤아릴 수 없이 많다는 뜻이다. 비유컨대 5백천만억 나유타 아승지 삼천대천세계를 다 부수어 가루를 내어 동방으로 가면서 5백천만억 나유타 아승지 세계를 지나가서 가루 하나를 떨어뜨려 먼지를 떨어뜨린 삼천대천세계와 그 중간의 모든 삼천대천세계를 모두 합하여 모두 가루를 내고 그 가루 하나를 일 겁으로 할 때 그 가루의 수가 나타내는 시간보다 더 오랜 시간 전에 성불하였다는 것이다.

이 우주에는 우리 태양계가 속한 은하계만 한 무수한 은하계들이 무리를 이루고 또 그러한 은하계의 무리들이 무수히 많다고 한다. 이

들 모든 은하계의 헤아릴 수 없이 많은 별들을 모두 부수어 가루를 내고 그 가루 하나를 일 겁으로 친다고 할 때 그 모든 가루가 나타내는 시간의 수를 우리의 능력으로는 계산할 수가 없다. 그러니 부처님이 성불한 것은 말할 것도 없고 부처님의 수명은 영원한 것이다. 그러므로 이러한 부처를 상주불멸의 법신(法身)이라고 한다. 법신은 진리 그 자체로서 수명이 한정된 역사적 차원의 부처에 대하여 궁극적 차원의 부처인 본불을 나타낸다. 법신을 본체라고 하면 역사적인 부처는 그로부터 나툰 화신의 부처라고 할 수 있다.

이와 같이 오래전에 깨쳤다는 것은 본래부터 깨져 있다[本覺]는 것을 의미한다. 우리 마음의 본성은 본래부터 깨친 각성이며 그것을 불성이라고 한다. 그것의 온갖 신묘한 능력을 구비하고 있는 상태를 보신(報身)이라고 부르고 그러한 능력이 현실 세계의 모습으로 나투는 것이 화신(化身)이다. 다시 말하면 우리의 불성이 곧 법신이며 그것이 바로 본불이다. 이러한 점에서 우리는 모두 다 불성을 갖추고 있다. 그것을 처음부터 열어서 보여 주고 깨닫게 하는 것이 이 법화경의 가르침이다. 누구나 다 이미 깨침의 성품을 가지고 있음에도 불구하고 중생으로 있는 것은 모두 무명(無明)에 가려서 그것을 보고 알지 못하기 때문인데 이 법화경은 여러 가지 놀라운 광경을 보여 주고 비유를 들어 설명하면서 우리로 하여금 그것을 보고 깨닫게 하고 있다.

그러면서 부처님은 그 동안 방편으로 젊어서 출가하고 성불함을 보이기도 하고 자기 몸을 보이기도 하고 다른 몸을 보이기도 한다. 또 수명이 영원하지만 문득 열반을 보이기도 하는 것은 모두 중생을 교화하기 위한 방편이었다. 그것은 여래가 항상 있다고 하면 사람들이 여래는 만나기 어렵다는 생각을 아니하고 교만하여 그가 설하는 진리를 잘 받아들이지 않기 때문이다.

부처님은 그러한 사정을 양의(良醫)의 비유를 들어 설명하신다. 예전에 천하의 명의가 있었는데 출타하였다 돌아오니 그의 아들들이 잘못하여 독약을 먹고 고통스러워하였다. 알맞은 처방의 약을 지어서 먹으라고 하였지만 아직 본 정신을 잃어버리지 않은 아이들은 그것을 먹고 다 낳았으나 독약으로 본심을 잃은 아이들은 괴로워할 뿐 그 약을 먹으려 하지 않았다. 그리하여 그 의사 아버지는 그 아이들에게 여기에 너의 병을 낳게 하는 약을 지어 놓았으니 먹고 빨리 회복하길 바란다고 하면서 다른 나라로 떠났다. 그는 그곳에서 사람을 시켜 기별하길 너의 아버지가 돌아가셨다고 아이들에게 말하였다. 그때서야 아이들이 아버지를 잃은 슬픔 속에서 문득 본심을 회복하고 비로소 아버지가 남겨 두고 간 약을 먹고 병에서 회복하였다.

이와 같이 의사가 죽지 않았으면서 방편으로 죽었다고 한 것처럼 부처님도 그 수명이 상주불멸이지만 중생교화를 위한 방편으로 역사적 차원의 수명을 보여 열반을 보이기도 한다.

역사적 차원에서 보면 석가모니 부처님은 80세에 열반하셨으니 이 법화경을 설한 때는 대략 72세 때부터의 일이다. 이 법화경의 설법을 듣고 있는 대중들은 누구나 다 부처님도 자기들처럼 한정된 수명을 가지고 있기 때문에 언젠가는 열반하실 것이라고 생각했을 것이다. 그런데 이 여래수량품의 설법에 이르러 느닷없이 부처님께서 성불한 것은 석가모니 부처님이 세수 32세 때의 일이 아니고 실로 헤아릴 수 없는 아주 오래전의 일이며 수명도 영원하여 항상 이 사바세계에서, 또는 다른 곳에 있으며 중생들을 교화하고 있다고 하니 설법을 듣고 있는 사람들의 상식으로는 도저히 믿기도 어렵고 이해하기도 어려웠을 것이다. 바로 이런 점이 법화경의 처음에서부터 가장 믿기 어렵고 이해하기 어려운 가르침이라고 하는 이유의 하나이다.

역사적인 부처님께서 언제 태어나서 언제 출가하였고 언제 깨치고 교화하다가 열반할 것이라고 말하는 것은 모두 중생들을 교화하기 위한 방편이었다는 것이다. 법화경 이전에도 중생을 교화함에 있어서 수많은 방편을 사용하였지만 특히 이 법화경에서는 필요할 때마다 자주 비유와 신통력과 방편을 사용하고 있다.

법화경의 서품에서는 수많은 세계를 보여 주고, 다보탑이 땅속에서 솟아나고, 하나의 깨끗한 불국토를 만들고, 본화보살들이 땅을 찢고 나타나는 등 여러 가지 기상천외한 일들을 신통력으로 보여 주었다. 그리고 드디어 여래수량품에 와서 석가모니불은 상주불멸하여 항상 있지만 중생의 교화를 위하여 필요하면 다른 몸을 보이기도 하고 열반에 들기도 하고 또 다시 나타나는 것을 자유자재로 한다고 말한다. 이와 같이 부처님은 중생들의 교화를 위하여 필요하면 방편과 신통력을 자유자재하게 사용한다. 부처님의 제자 관세음보살도 여러 가지 지혜와 방편을 닦아 신통력을 갖추어 중생을 제도하고 교화하기 위하여 여러 가지 몸으로 여러 곳에 나타나는데 부처님께서 그러한 신통력을 가지고 있다는 것은 하나도 이상한 일이 아니다. 부처님의 신통의 힘이 이리하여 항상 영취산이나 또는 다른 곳에 있으면서 중생을 교화한다.

　이러한 방편을 통하여 우리에게 보여 주는 것은 우리도 부처님처럼 본래부터 깨어 있으며 궁극적 차원에서 보면 석가모니 본불처럼 불생불멸(不生不滅)이라는 것이다. 조그마한 연꽃의 씨앗에서 싹이 트고 자라서 아름다운 꽃을 피우고 그 꽃이 씨앗을 남기고 그 씨앗에서 또 싹이 트고 꽃이 핀다. 꽃이 피었다 떨어진다고 끝이 아니고 연꽃의 본성은 계속 모습을 바꾸지만 불생불멸이다. 구름이 비가 되고 다시 수증기가 되고 또 구름이 되는 것도 마찬가지이다. 구름만 떼어서 보면 생성과 소멸이 있지만 궁극적 차원에서 전체를 보면 물이란 본질은 계속 모습을 바꾸어 존재할 뿐 불생불멸이다. 이와 같이 모든 현상을 현상적 차원에서만 보면 생성과 소멸이 있지만 궁극적 차원을 주의 깊게 꿰뚫어 보면 현상의 본성은 모습만 바꾸어 존재할 뿐 불생불멸이다. 여래수량품의 가르침은 현상의 생멸성(生滅性)과 영원성(永遠性)은 둘이 아니라는 것을 보여 주는 것이다. 파도는 그 본체인 바다의 나툼일 뿐이고 파도는 수시로 생겼다 수시로 사라지지만 그 본체는 상주불멸이듯이 붓다도 그러하고 중생도 그러하다.

　이어서 부처님은 궁극적 진리를 설한다. 여래는 중생과는 다르게 세상을 실상 그대로 본다. 중생들은 모든 것을 '이다[是]·아니다[非]' '같다·다르다' 하고 두 가지로 나누어 분별하지만 붓다는 생(生)도 아니요 멸도 아니고, 실도 아니고 허도 아니고[非實非虛], 같지도 않고 다르지도 않[非如非異]게 있는 그대로 본다. 다시 말하면 중도실상인 진리를 그대로 본다. 그리하여 중생들은 이 세상이 불에 타 없어지는 것으로 보고 근심과 고통과 공포가 가득한 곳으로 보지만 부처님은 항상 편안하고 아름다운 숲과 보배가 가득하며 모든 사람들이 즐겁게 노는 곳으로 본다. 부처님은 이 세계 그대로가 정토(淨土)요 낙토(樂土)인데 중생들은 그것을 예토요 고통의 땅으로 보는 것이다. 이 세계의 고통에서 벗어나 열반을 얻으려면 부처의 지혜를 얻고 바로 깨치면 되는 것이다. 그러면 이 고통의 세계가 그대로 낙원이 된다. 이것이 법화경의 가르침이며 이 여래수량품의 가르침이다.

우리가 상대적 차원에 머물러 있으면 고통에서 벗어날 수 없다. 파도가 파도를 자기의 전부라고 알면 나고 죽는 것이 있고 소멸이란 고통에서 벗어날 수 없다. 하지만 파도의 본성이 바다라고 알면 그는 파도로 있을 때나 그것이 소멸하여 파도의 모습을 잃어버릴 때나 궁극적으로는 같다는 것을 알게 되고 죽음의 공포에서 해방될 수 있다. 전깃불도 마찬가지로 개별적인 전깃불의 차원만을 보면 수명이 있지만 전깃불의 본성인 전기 에너지가 자기의 본질임을 알게 되면 그는 전깃불이 꺼져 없어지는 두려움에서 벗어날 수 있다. 구름·비·눈·얼음 등 모든 현상도 그 이면을 꿰뚫고 있는 물이란 본성에서 보면 상주불멸이며 우리 사람도 마찬가지로 겉모습이 아닌 우리의 본성인 불성을 보고 깨치게 되면 성불하고 그것이 바로 법신인 본불이다. 본불이 저 하늘 어딘가에 있는 것이 아니고 우리 모두에게 갖추어진 본성이다. 이것이 궁극적 차원의 진리를 우리에게 보여 주는 법화경 본문의 가르침이다.

법화경에는 많은 비유가 등장하지만 이 명의(名醫)의 비유 역시 이 시대를 살고 있는 우리에게 시사하는 바가 많다고 하겠다. 이른바 말법시대를 살고 있는 사람들은 치유하기 힘든 병에 걸려 있다. 그것이 바로 탐욕의 병이요 미움과 분노의 병이요 본성을 모르는 미망(迷妄)의 병이다. 그리하여 많은 괴로움과 고통을 받고 있지만 대부분의 사람들은 그것이 병인지도 모른 체 먹고 사는 일에 매여 정신 없이 살고 있다. 그러면서도 어떤 것이 좋은 약인지도 모르고 약을 먹으려고도 하지 않고 술로 오락으로 육체적 쾌락으로 잠시 잠시 괴로움을 달래고 있지만 그것으로 그들의 깊은 병이 낫지 않는다. 붓다는 말법시대의 사람들이 가지게 될 병과 그들의 자질을 미리 예견하시고 그들의 병을 근본적으로 고칠 수 있는 좋은 약을 만들어 놓았으니 그것이 다름 아닌 법화경이다. 법화 수행이야말로 이 시대를 사는 사람들을 구원할 수 있는 묘약(妙藥)이요 적합한 수행법이다.

분별 및 수희공덕품
법화 수행의 공덕

여래수량품 다음이 제 17 분별공덕품, 제 18 수희공덕품 그리고 제 19 법사공덕품인데 주로 법화경의 설법을 듣거나 그것을 수지 독송하고 해설함에 따라 얻는 공덕에 대하여 집중적으로 설한 곳이다. 법화경을 수지 독송함으로써 얻는 공덕이나 또는 법화경을 비방함으로써 얻는 죄보는 법화경 곳곳에서 설하고 있지만 이 세 품에서는 그것을 집중적으로 다루고 있다.

우선 분별공덕품은 여래수량품에서 부처님의 수명이 장원(長遠)함을 듣고 아주 많은 중생들이 얻게 되는 이익과 공덕을 설한다.

① 아주 많은 중생들이 불생불멸의 진리를 깨닫고

② 많은 보살들이 부처님의 말씀 듣고 법신의 이치를 깨닫고

③ 많은 보살들이 중생의 근기에 맞게 자유자재로 설법하는 능력을 얻게 되고

④ 또 많은 보살들이 있음[有]에 대한 집착을 끊고 공(空)의 도리를

깨닫고

⑤ 많은 보살들이 물러섬이 없는 법을 펴게 되고

⑥ 많은 보살들이 청정한 진리를 설하게 되고

⑦ 많은 수의 보살들이 팔생(八生) 만에 무상 정각을 얻게 되고

⑧ 또 많은 수의 보살들이 4생 만에, 3생 만에, 2생 만에, 1생(一生) 만에 무상의 정각을 얻게 되고

⑨ 많은 중생들이 깨치고자 하는 마음을 내게 되었다.

이어서 부처님이 말씀하시기를 어떤 중생이 부처님의 수명이 이같이 장구함을 듣고 한 생각이라도 믿는 마음을 내면 그 공덕이 한량없다고 한다. 그것은 80만억 나유타 겁 동안 보시, 지계, 인욕, 정진, 선정의 5바라밀을 수행한 공덕보다 백천만억 배 크다. 그러므로 한 생각 믿는 마음을 내는 사람은 무상의 깨침에서 물러나는 일이 없다.

또한 부처님 수명이 장구함을 듣고 그 취지를 이해한다면 그 사람의 공덕은 한량없으며 여래의 위없는 지혜를 일으킨다. 더구나 이 경을 많이 듣고 남으로 하여금 듣게 하고, 스스로 지니고 독송하고 쓰고 다른 사람으로 하여금 쓰게 하고 그 경전에 여러 가지 방법으로 공양하면 이 사람의 공덕은 무량하여 능히 모든 것을 다 아는 부처님의 지혜인 일체종지(一切種智)를 얻는다.

만일 사람들이 이 수명이 장구함을 듣고 깊은 마음으로 믿고 이해하면 곧 부처님이 항상 영취산에서 대보살과 성문 대중에게 설법하시는 것을 보게 된다. 이와 같이 법화경을 수지 독송하고 해설하는 사람은 여래를 머리에 받들고 있는 것과 같으므로 다시 부처님을 위

하여 탑을 쌓고 공양할 필요가 없다. 이같이 법화경을 수지 독송하는 것은 곧 부처님과 비구스님들에게 여러 가지 방법으로 공양하는 것이 되는 것이다. 하물며 이 법화경을 수지 독송하고 겸하여 보시, 지계, 인욕, 정진, 선정과 지혜의 여섯 가지 바라밀을 수행하면 그 공덕은 허공이 가이없듯이 무량무변하다. 이러한 사람은 이미 도량에 나아가서 무상의 깨침에 가까이 있는 것이 된다. 그러므로 이러한 법화 수행자에게 부처님에게 하듯이 공양하여야 한다.

　이어서 제 18 수희공덕품이 시작되는데 어떤 사람이 이 법화경을 듣고 따라서 기뻐하면 얼마만한 복을 얻게 되느냐고 미륵보살이 부처님께 여쭙는 것으로 시작한다. 어떤 사람이 부처님이 열반하신 뒤에 이 경전을 듣고 따라 기뻐하고 그 법회에서 나와서 다른 사람에게 들은 대로 전하고 그 전해 들은 사람이 따라 기뻐하고 또 다른 사람에게 차례로 전하여 50번째로 듣고 따라 기뻐하는 사람의 공덕을 부처님이 설명하신 것이 이 수희공덕품의 내용이다. 자세한 것을 알려면 법화경을 직접 독송하는 것이 제일이지만 여기서는 중요한 것만 몇 가지 소개하는 데 그치고자 한다.

　어떤 사람이 4백만억 아승지 세계의 많은 중생들에게 그들의 필요에 따라 여러 가지 보물과 궁전과 누각 등 많은 것을 80년 동안 보시하고 그들이 늙자 다시 부처님의 법을 설하여 모두 아라한의 도를 얻게 하고 선정과 신통과 해탈을 얻게 한 공덕이 한량없이 많지만 이 공덕은 앞의 50번째 사람이 법화경의 한 구절만이라도 듣고 따라서 기뻐한 공덕의 백천만억 분의 일에도 못 미친다. 또 어떤 사람이 이

경을 설하는 곳에 가서 잠깐만 들어도 다음에 날 때에는 진귀한 보배로 꾸며진 하늘 궁전에 나게 되고 법회에 온 다른 사람에게 자리를 나누어 앉게만 하여도 다음에 날 적에는 제석천왕이나 범천왕이나 전륜성왕의 자리를 얻게 된다.

또 어떤 사람에게 법화경 설하는 곳이 있으니 함께 가서 듣자고 권유하면 그는 다음에 날 때에 영민한 지혜와 완벽하게 아름다운 상호를 갖고 태어나며 날 적마다 부처님을 만나서 불법을 듣게 된다. 하물며 법화경을 일심으로 듣고 수지 독송하고 다른 사람에게 해설하고 들은대로 수행하는 공덕이야 더 말할 필요가 없는 것이다. 특히 이 공덕품에서 주의 깊게 보아야 할 것은 부처님의 수명이 영원함을 설한 여래수량품을 믿고 기뻐하면 일생 만에 무상의 정각(正覺)을 얻게 된다는 사실이다. 이것이 바로 본불(本佛)이 설한 본문 묘법의 위력이다. 몇 십 년에 걸친 참선 수행이나 보살 수행과 같은 어려운 수행이 아니고 법화경을 수지 독송하는 것만으로도 곧바로 성불할 수 있다는 것이 본문 묘법의 가르침이다.

법사공덕품
법사의 공덕

제 19 법사공덕품은 이 법화경을 수지(受持)하여 독송(讀誦)하거나 사경하거나 해설(解說)하는 사람이 얻는 다섯 가지 감각기능과 마음의 기능을 합한 여섯 가지 기관이 얻는 공덕을 설한다.

우선 이러한 법화 수행자는 타고난 육안이 청정하여져서 여러 세계 모든 곳의 산과 강이며 그곳에 사는 모든 중생을 보고 그들이 업(業)의 인연으로 태어난 곳을 모두 보고 알게 된다. 또한 법화 수행자는 많은 귀의 공덕을 얻게 되는데 여러 세계 모든 곳의 가지 가지 음성과 소리를 듣고 다 분별하여 안다. 짐승의 소리, 사람의 소리, 괴로워하는 소리, 즐거워하는 소리, 여러 다른 존재의 소리, 축생과 아귀의 소리, 성문 등 수행자의 소리, 보살과 부처님의 소리를 듣고 다 안다. 그는 중생들이 법화경을 읽고 해설하는 것과 부처님이 여러 중생들에게 미묘한 불법을 설하시는 것을 다 듣고 안다. 그것은 법화경을 수지 독송하고 해설하여 그의 귀가 청정하여졌기 때문이다. 관세음보살이 세간의 여러 가지 음성을 듣고 고통받는 사람들을 구제할 수 있는 것도 그의 청정한 귀의 공덕일 것이다.

법화 수행자는 그 공덕으로 코가 청정하여져서 여러 가지 냄새와 향기를 맡고 다 안다. 꽃 향기, 사람의 냄새, 짐승의 냄새, 천상의 모든 향기를 맡고 다 알고 성문과 벽지불의 향기, 보살과 부처님의 향기도 다 맡고 안다. 심지어는 처음 임신이 아들인지 딸인지도 향기 맡고 알고, 사람의 냄새로서 그 사람의 생각도 알고 욕심과 성냄을 알고 행실이 착한지 악한지도 다 안다. 여러 수행자들이 항상 정진하는지 경전을 독송하는지 숲속에서 좌선에 정진하는지 다른 이에게 법을 설하는지 또 부처님이 중생들에게 설법하고 그 중생들이 그 법문 듣고 기뻐하며 설한 대로 수행하는지도 향기 맡고 다 안다. 보통 사람도 주위에 이상한 일이 있으면 뭔가 수상한 냄새가 난다고 하는데 법화 수행자의 공덕은 그것과 비교도 할 수 없이 크다.

또한 법화 수행자는 그 수행의 공덕으로 부모에게서 받은 혀가 청정하여져서 어떠한 음식이라도 그의 혀에 닿으면 모두 맛있는 음식으로 변하고 그가 대중들에게 말할 때는 깊고 묘한 음성을 내어 그 사람들의 마음에 들게 하여 모두 기쁘고 즐겁게 한다. 다음에 나오는 묘음보살품의 묘음보살(妙音菩薩)이 법화 수행의 공덕으로 묘음을 얻은 보살일 것이다. 아무튼 법화 수행자가 깊고 묘한 음성[深妙音聲]으로 연설하면 모든 천상의 존재들과 중생들이 모두 와서 그가 설하는 법을 듣고 기뻐하고 그를 평생토록 공경한다. 그리고 모든 보살들과 부처님들이 항상 그를 보기를 좋아하고 이 수행자가 있는 곳을

향하여 법을 설하므로 그는 그 법을 능히 받아 지니고 능히 깊고 묘한 법음[深妙法音]을 낸다. 그러므로 부처님과 보살들이 그의 설법하는 음성을 듣고 항상 그를 수호하며 그에게 부처님의 몸을 보여 주기도 한다.

법화 수행자는 법화 수행의 공덕으로 그 몸이 청정하여져서 마치 맑은 거울같이 되어 모든 중생들이 나고 죽는 것과 좋은 곳에 나고 나쁜 곳에 나는 것 등 중생들의 모든 것이 그 몸에 나타나서 다 알게 된다. 부처님과 보살들의 법문 설하는 것도 다 그 몸에 비쳐 알게 된다.

마지막으로 법화 수행자는 그의 마음이 깨끗하여져서 여러 가지 마음의 공덕[意功德]을 얻게 된다. 그는 부처님의 설법 가운데 한 구절만 듣고도 한량없는 이치를 통달하고 그것을 가지고 한 달이고 일년이고 해설할 수 있으며 그가 말한 것은 그 뜻이 모두 실상으로 서로 모순되는 일이 없다[諸所說法 隨其意趣 皆與實相 不相違背].

만일 그가 세속적인 이론과 세상을 다스리는 말과 생산 활동이나 사업에 관한 말을 하더라도 모두 바른 법에 순응하게 된다. 그는 여러 세계의 여러 종류의 중생들의 마음과 생각과 마음속의 이론들을 모두 알고 그 수행자가 생각하는 바와 말하는 바는 모두 불법이어서 진실되지 않은 것이 하나도 없고 이미 과거 부처님들이 경전 가운데 말씀한 것이다. 이 모든 공덕은 모두 다 법화경을 수지 독송하고 설한 대로 수행하여 얻게 되는 것이다.

상불경보살품

아상(我相)을 버리고 인욕하라

지금까지는 부처의 지혜를 열어서 보이고 깨닫게 하는 데 법화경의 가르침이 치중하였다. 그것은 다르게 표현하면 믿고 이해[信解]하는 단계에 중점이 주어졌다고 볼 수 있다. 제 15 종지용출품에서 본화보살이 등장하긴 하였지만 제 20 상불경보살품에서부터 시작하여 제 23 약왕보살본사품부터 본격적으로 보살들의 행적을 통하여 불지혜에 깨쳐 들어가는 실천과 증득(行證)이 부각된다. 물론 하루아침에 깨칠 수도 있지만 그것은 수행자들의 자질에 따른 문제이므로 법화경은 돈오와 점수 두 가지 문을 다 열어 놓고 있다고 할 수 있다.

법사공덕품이 끝나고 부처님은 대세지보살에게 말씀한다. 만일 수행자들이 법화경을 지니는 사람을 나쁜 말로 욕설하거나 비방하면 큰 죄보를 받는 것은 앞에서 이미 말한 바와 같고 법화 수행자가 얻는 공덕도 앞에서 말한 것처럼 눈·귀·코·혀·몸 그리고 마음이 모두 청정(淸淨)하여지게 된다. 그렇게 말씀하시고는 부처님이 전생에 법화경을 만나서 수행하며 얻은 공덕을 하나의 사례로서 들려주신다. 아주 오래전에 위음왕 부처님이 있었다. 그 위음왕불이 열반한 후 불법이 점차 약화되고 있을 때 깨쳤다고 자만하고 있는 비구들이 큰 세력을 얻고 있었다.

그때 상불경(常不輕)이라는 비구가 있었는데 그는 만나는 출가 수행자나 재가 수행자들에게, "나는 그대들을 매우 공경하여 감히 경만히 보지 않습니다. 그대들은 다 보살의 도를 행하여 모두 다 성불할 것이기 때문입니다." 하며 예배하고 찬탄하였다. 그는 경전을 전심하여 독송하지 아니해도 다만 예배만을 계속하였다. 그로부터 그러한 예배와 찬탄을 받은 사람들이 혹 성을 내거나 나쁜 말로 욕설하거나 또는 몽둥이로 치고 돌을 던지더라도 피하여 참고 그러한 예배와 찬탄을 계속하였다. 그러므로 그는 상불경, 즉 항상 남을 경만히 여기지 않는 사람이란 별명을 얻게 되었다.

이 상불경보살이 임종 시에 위음왕불이 말씀한 법화경의 많은 게송(偈頌)을 다 받아 지니고 눈·귀·코·혀·몸과 마음이 청정해지고 수명이 연장되어 아주 오랜 세월 동안 여러 사람들에게 이 법화경을 널리 설하였다. 상불경보살이 그러한 법화 수행의 공덕으로 육근(六根) 청정과 수명 연장은 물론 큰 신통력, 설법 잘하는 능력, 깊은 선정에 드는 능력 등을 얻음을 보고 그를 욕하던 사람들이 비로소 그의 말에 복종하게 되었다. 그들은 전부 그로부터 법화경을 듣고 깨침에 가까이 가게 되었다.

이 상불경보살은 그후에도 일월등명불과 운자제등왕불이라는 이름의 여러 부처님들을 차례로 만나서 법화경을 수지 독송하고 설한 대로 수행하고 또 사람들에게 해설해 주었다. 그렇게 함으로써 그의 몸과 마음은 깨끗해지고 드디어 성불하게 되었다. "… 내가 과거 부처님들 처소에서 묘법연화경을 받아 지니고서 읽고 외우며 다른 사람들에게 설한 까닭으로 빨리 가장 높고 완전한 깨달음을 얻었느니라." 하고 부처님이 직접 말씀한다. 이 상불경보살이 바로 전생의 석가모니불인데 법화경을 받아 지니고 독송하고 해설한 공덕으로 빨리 무상의 깨침을 얻게 되었다. 그리고 그때 상불경보살을 욕하고 때렸던 사람들은 아주 오랫동안 부처님을 만나지 못하고 아비지옥에서 큰 고통을 받다가 상불경보살을 다시 만나서 그의 교화를 받게 되었다. 그러므로 여래가 열반한 뒤 악한 세상에서 빨리 성불하려고 하면 이 법화경을 받아들여 독송하고 설한 대로 수행하고 남에게 해설하여야 한다.

이 상불경보살품을 통하여 우리는 첫째로 법화경 수행을 하면 우리의 몸과 마음이 깨끗해지고 수명이 연장되며, 둘째로 많은 부처님을 만나서 성불하게 되며, 셋째로 보살의 수행에 있어 인욕의 수행이 매우 중요하다는 것을 알게 된다. 법사품에서 수행자는 유화 인욕하여야 한다고 했고 안락행품에서도 유화 인욕이 강조되었다. 인욕 수행을 제대로 하려면 우선 '자기'를 완전히 죽여야 한다. '나'라고 하는 생각이 조금이라도 남아 있어서는 귀에 거슬리는 말이나 나를 해치는 행동을 대할 때 그것을 참기 어려울 것이다.

우리의 눈·귀·코·혀·몸과 마음을 통하여 들어오는 여러 가지

자극에 마음이 흔들리고 오염되면 깨끗한 호수의 물이 바람에 흔들려 더러워지듯 우리의 마음은 혼란스럽게 된다. 그렇게 되면 우리 마음의 본성을 보고 깨친다는 것은 어렵게 된다. 흐린 물을 깨끗하고 맑게 하려면 계속 휘젓지 말고 가만히 자연 상태로 놓아 두는 것이 상책이다. 그것이 바로 인욕의 수행이다. 부처님은 누가 내 팔다리를 톱으로 썰어 자르더라도 화를 내지 않는 사람이 참으로 부처님의 가르침을 따르는 사람이라 하였다. 금강경에도 부처님이 전생에 수행자로 있을 때 어떤 왕이 칼로 여기 저기 자기 몸을 벨 때도 '나'라는 생각이 없어서 전혀 원망하고 미워하는 생각이 나지 않았다고 한다.

  법사품에서 미래에 법화경을 설할 때 법사는 큰 자비심이라는 여래의 방에 들어가서 유화 인욕심이라는 여래의 옷을 입고 모든 것이 공(空)하다는 여래의 자리에 앉아서 하라고 가르친다. 아상(我相)이 완전히 없어지지 않으면 진정한 자비심을 가질 수 없고 아상이 완전히 소멸하지 않으면 모든 것이 실체가 없이 공하다는 것도 터득할 수 없다. 내가 없어야[我空], 대상도 없게[法空] 된다. 금강경이 계속하여 아상을 비롯한 모든 상을 다 버리라고 하는 것도 모두 이러한 이유 때문이다. 법화경을 수지 독송하는 것은 당연한 일이고 법화 수행을 제대로 하려면 보시 · 지계 · 인욕 등 보살도를 충실히 수행하여야 한다.

여래신력품
부처님의 신비한 모든 것이 들어 있다

우리는 견보탑품에서 여래가 열반한 뒤에 누가 이 법화경을 수호하고 홍포하겠는가 하며 제자들에게 부처님이 말씀한 것을 상기한다. 그리고 권지품에 이르러 거기 모인 성문 제자들과 보살들이 그러한 일을 자기들이 수행하겠다고 자청하지만 그럴 필요가 없다고 말씀하였다. 그것은 그러한 임무를 수행할 엄청난 수의 본화보살들이 따로 있기 때문이다. 그 말씀과 동시에 땅으로부터 무수한 보살들이 솟아올라 와서 허공 중에 머문 것을 상기한다. 어떻게 그렇게 많은 보살들을 부처님이 짧은 세월 동안 다 교화하실 수 있을까 하는 청법대중의 궁금증을 풀어 주기 위하여 사실 부처님의 수명은 영원하여 상주불멸이며 아주 오래전에 그들을 교화하였다고 대답하신 것이 여래수량품이다.

이러한 부처님 수명이 장구(長久)함을 듣고 기뻐하거나 법화경 전체를 수지 독송하는 공덕을 설명한 것이 그 뒤에 오는 분별공덕품,

수희공덕품과 법사공덕품이었고 그러한 법화 수행으로 몸과 마음이 다 청정하여져서 수명이 연장되고 여러 부처님 밑에서 그렇게 법화 수행을 계속하여 결국 성불하게 되었다는 석가모니 부처님의 전생담을 하나의 사례로 설한 것이 상불경보살품이다. 상불경보살품은 인욕하고 또 인욕하여 자기를 죽이는 보살 수행의 진면목을 상징적으로 보여 주는 데 큰 의미가 있었다.

누가 법화경을 수호하고 홍포하겠느냐는 부처님의 말씀에 땅에서 솟아올라 온 본화보살들이 그러한 임무를 수행하겠다고 다짐하고 그들에게 그러한 임무를 부촉하는 일이 기다리고 있다. 그것이 제 21 여래신력품과 그 다음의 촉루품이다.

땅에서 솟아오른 본화보살들이, "세존이시여, 저희들이 부처님 열반하신 뒤에 세존의 분신이 계시는 국토와 열반하신 곳에서 이 법화경을 널리 해설하겠나이다. 그것은 저희들도 역시 이 진실하고 깨끗한 큰 법을 받아 지니고 독송하고 해설하고 사경하며 공경하려 하기 때문입니다." 하고 서원한다. 이때 석가모니불과 시방에서 모인 모든 분신불(分身佛)이 함께 신통력을 보여 긴 혀를 범천까지 내고 몸으로는 무수한 광명을 놓아 시방 세계를 비추었다. 오랜 시간 후 다시 혀를 거두시고 손가락을 튀기시니 그 소리가 여러 세계에 울려 퍼졌다.

그 여러 세계의 중생들이 사바세계의 이러한 놀라운 광경과 석가모니불과 다보불, 그리고 모든 분신불과 한량없는 보살과 대중이 있는 광경을 모두 보게 된다. 그들은 모두, "저 멀리 사바세계에서 지금 보살들을 위하여 묘법연화경을 설하는데 그것은 보살을 가르치는 법이며 부처님들이 수호하는 법이다. 그러므로 그대들은 이 경과 석가모니불께 예배하고 공경하여야 한다." 하는 하늘의 소리를 듣게 된다.

이때 부처님이 상행보살 등 모든 대중에게 말씀한다. "여러 부처님의 신통력이 무한 무변하여 도저히 생각하여 알 수 없다. 나의 이러한 신통력으로도 이 법화경을 부촉하기 위하여 이 경의 공덕을 아주 오랫동안 말해도 다 할 수 없다. 그 요점만 말하면 여래의 일체법 [如來一切 所有之法]과 여래의 일체 자재한 신통력[如來一切自在神力]과 여래의 일체 비밀의 보고[如來一切秘要之藏]와 여래의 일체 깊고 깊은 일들[如來一切甚深之事]을 이 경에서 펴 보이고 드러내 설하였다."

그러므로 본화보살들은 여래가 열반한 뒤 일심으로 이 경을 받아들여 독송하고 해설, 사경하고 설한 대로 수행하여야 한다. 그리고 이러한 법화경이 있고 법화 수행자가 있는 곳에는 어디나 탑을 쌓고 그 탑에 공양하여야 한다. 왜냐하면 이곳이 곧 도량으로 모든 부처님들이 그곳에서 무상의 바른 깨침을 얻고 제자들에게 진실의 법문을 설하고 또 그곳에서 열반에 들기 때문이다. 다시 말하면 부처가 나는 곳이요, 법을 설하는 곳이요, 또 부처님이 열반에 드는 곳이 곧 법화경과 법화 수행자가 있는 곳이다. 그리고 부처님의 신통력과 모든 불법과 비밀한 것들이 다 들어 있는 곳이 이 법화경이므로 그것을 지키고 끊이지 않게 홍포하라는 것이다.

이러한 부촉을 하기 위하여 부처님의 신통력을 사전에 보여 주신 것이다. 이 법화경을 수지하는 것은 곧 석가모니불, 다보불, 그리고

다른 모든 분신불과 모든 보살들을 보는 것이고 또 그분들을 기쁘게 하는 일이다. 그리하여 이 경을 수지 독송하고 설한 대로 수행하는 사람은 부처님들이 얻은 그러한 지혜와 능력을 오래지 않아 얻게 된다.

촉루품
널리 홍포하리

 이어서 부처님은, "내가 한량없는 백천만억 아승지겁 동안에 닦아 익힌 이 얻기 어려운 위없는 깨침의 법을 이제 그대들에게 부촉하노니 그대들은 일심으로 이 법을 널리 유포하라." 하시며 모든 보살의 이마를 세 번 만지며 부촉하는 것으로 제 22 촉루품은 시작된다.

 이 얻기 어려운 깨침의 법인 묘법연화경을 그대들에게 부촉하노니 그대들은 이 법화경을 수지 독송하고 널리 전하여 중생들이 잘 알아듣게 하여야 한다. 여래는 대자대비하므로 부처님의 지혜[佛之智慧], 여래의 지혜[如來智慧], 그리고 자연 지혜(自然智慧)를 아낌없이 중생들에게 준다. 부처의 지혜를 준다고 하지만 실은 우리가 본래부터 갖추고 있는 불지혜를 드러내어 회복하게 하는 것이다. 그러므로 오는 세상의 사람으로서 부처님의 지혜를 믿는 이가 있으면 그에게 이 법화경을 설하여 그로 하여금 부처의 지혜를 얻게 할 것이다.

 만일 믿지 못하는 이에게는 여래의 다른 가르침을 주어서 그들을 기쁘게 하라. 이렇게 자질에 맞추어 법을 전하는 것이 부처님의 은혜에 보답하는 길이다. 이러한 부처님의 부촉을 받고 거기에 모인 여러 보살 대중이 모두 "세존의 분부대로 받들어 시행하겠사오니 염려하지 마시옵소서." 하며 세 번씩이나 다짐을 하는 것으로 촉루품은 끝난다.

약왕보살본사품
말법시대에는 법화경이 약이다

    제 23 약왕보살본사품을 시작으로 보살들의 행적에 대한 설법이 본격적으로 시작된다. 성문과 연각은 소승으로 오직 자기 자신의 고통에서 벗어나는 것이 수행의 주목적인 데 반하여 보살은 자기보다는 오히려 다른 사람들을 고통에서 구제하고 모두 깨치게 돕는 데 그 수행의 목적을 두고 있다. 그리하여 성문과 연각을 소승, 즉 한 사람밖에 타지 못하는 작은 수레라 하고 보살을 대승, 즉 여러 사람이 함께 탈 수 있는 큰 수레라고 부른다. 나를 죽이지 않고는 남을 돕고 남을 구하는 큰 자비심이 생길 수가 없다. 그러므로 보살은 아상(我相)을 극복하고 모든 사물과 현상이 본래 공하다고 알아서 사물에 대한 집착을 끊은 수행자이다. 사실 아상을 버린다는 것은 '나'라는 생각을 버리는 것은 물론 더 나아가서는 '내가 없다'는 생각도 버리는 것이다.

    다시 말하면 보살은 한편으로는 모든 사람을 고통에서 구하고 그들 모두 무상의 깨우침을 얻게 하겠다는 큰 서원과 자비심을 가지고 있으며 다른 한편으로는 나와 그 이외의 모든 사람과 사물이 본래로 공(空)하여 실체가 없다고 아는 반야의 지혜를 가져야 한다. 모든 현상이 공하다는 것도 현상이 본질적으로 고정불변의 '실체가 없다'는 것은 말할 것도 없고 실체가 있다거나 실체가 없다거나 하는 모든 분별을 하지 않는 것이다. 흔히 '실체가 없다'는 것을 강조하는 것은 사람들이 모든 사물과 현상이 '실체가 있다'고 믿고 그에 강하게 집착하기 때문이다. 그렇게 공의 지혜와 자비를 함께 갖춘 보살은 마치 독수리가 두 날개로 서 높은 하늘을 자유자재로 날아다니듯이 중생들이 사는 세상을 자유자재로 다니면서 구원의 활동을 한다.

우리는 앞의 제 10 법사품에서 여래가 열반하신 후에 법화경을 남에게 해설하려면 대자비심이라는 여래의 방에 들어가서 유화인욕심이라는 여래의 옷을 입고 일체가 공하다는 여래의 자리에 앉아야 한다는 부처님의 가르침을 접한 바 있다. 이 가르침이 바로 보살의 행할 바를 말한 것이다. 가운데 인욕행을 두고 있는 것은 진정한 큰 자비심은 나를 죽이지 않고는 얻을 수 없으므로 나를 죽이는 인욕의 갑옷을 입어야 한다는 것을 가르치고 있는 것이다. 또한 일체가 공(空)하다는 것을 알아야 아공(我空)과 법공(法空)을 얻고 나에 대한 집착[我執]과 대상에 대한 집착[法執]을 끊을 수 있게 된다. 그렇게 계속 수행하여야 무분별의 지혜[無分別智]를 얻게 된다.

보살의 수행에는 보통 10개의 단계가 있다. 화엄경, 능엄경 또는 능가경 등에 단계별 보살의 수행하는 바와 얻는 바를 자세하게 설하고 있지만 우리는 간단히 그 핵심만 알면 된다. 수행은 크게 다섯 가지의 큰 과정으로 나누어지는데 첫 과정과 두 번째 과정은 범부 중생의 수행 단계로서 우선 선행을 하여 여러 가지 공덕을 쌓는 행을 하는 과정이다. 그가 더욱 높은 수행자가 되기로 하면 세 번째 과정으로 들어가는데 이것이 보살의 첫 단계의 지위인 환희지(歡喜地)에 해당한다. 6바라밀의 수행을 시작하고 공을 직접 체험하여 깨치려는 마음을 내는 과정이다. 네 번째의 과정이 '명상의 과정' 이라 하여 보살의 두 번째 단계인 이구지(離垢地)에서부터 열 번째 단계인 법운지(法雲地)까지가 여기에 해당한다. 마지막 과정이 더 이상 수행이 필요 없는 단계인 불지(佛地)로서 모든 것을 깨쳐 모든 것을 아는 지혜인 부처의 지혜[佛智]를 얻고 성불하는 단계이다. 이 단계를 빛의 단계라고도 한다.

보살 수행은 보통 열 가지 바라밀을 수행하여야 하는데 보시·지계·인욕·정진·선정·반야의 지혜·방편·원(願)·힘(力), 그리고 마지막의 지혜(智) 바라밀이 그것이다. 이러한 열 가지 바라밀을 보살의 초지에서부터 마지막 10지까지 배당하여 그것을 중점적으로 수행한다고 한다. 예를 들면 초지에서는 보시를, 그리고 제3지인 발광지에서는 인욕의 수행을 강조한다. 금강경은 보시를 하되 보시를 하는 나라는 생각, 보시를 받는 사람이라는 생각, 그리고 보시라는 생각도 없이 하는 무주상보시(無住相布施)를 하라고 가르친다.

이러한 보살행을 통하여 나를 죽이고 내가 죽으면 그 대상도 소멸한다. 간단히 말하면 보살 수행은 결국 자기를 죽이고 나와 대상이 모두 공(空)함을 철저히 깨치고 모든 분별의식이 사라진 무분별지를 터득하는데 있다. 그 단계에 이르면 우리 마음의 모든 분별의식이 소멸하여 우리의 여덟 가지 식(識)은 모두 지혜로 탈바꿈하게 된다. 이른바 다섯 가지 감각인 전5식(前五識)은 원하는 대로 작용하는 성소작지(成所作智)가 되고 제6식인 보통의 마음은 모든 것을 있는 그대로 보는 묘관찰지(妙觀察智)가 되며 제7식은 나와 남의 구별 없이 모두들 평등하게 보는 평등성지(平等聖智)가 된다. 마지막 심층의 무의식인 제8 아뢰야식은 맑은 거울 같은 지혜인 대원경지(大圓鏡智)로 변한다. 이러한 보살 수행이 끝나시 등각(等覺)과 묘각(妙覺)을 지나야 구경각(究竟覺)에 도달하여 성불하게 된다고 한다.

능가경에 보면 보살이 제3지·4지·5지에 이르면 깊은 삼매에 들어 적연부동한 마음을 얻고 모든 경계는 마음이 만든 것이라고 알게 되고 그는 '삼매의 즐거움 속에서 의생신(意生身)'을 얻는다고 한다. 의생신이란 마음먹은 대로 몸을 얻는다는 것이다. 제8지 보살은 이른바 '법의 자성을 깨친 의생신'을 얻고 제9지 이후에는 '종류에 따라 힘 안 들이고 얻는 의생신'을 가지게 된다. 특히 9지의 보살은 진여가 묘한 작용을[發眞妙用] 하므로 마음먹은 대로 그 몸을 나타낼 수 있다. 간단히 말하면 보살은 그 수행이 깊어지면 필요에 따라 그가 마음먹은 대로 몸을 나타내는 능력을 얻게 된다는 것이다.

법화경에서는 곳곳에서 보살들이 현일체색신삼매(現一切色身三昧)를 얻었다는 얘기가 나오는데 일체의 몸을 나타내는 삼매를 얻었다는 것을 말한다. 보살이 필요에 따라 적절한 몸을 나타낼 수 있어야 제대로 중생제도를 할 수 있을 것이다.

이러한 보살 수행에 대한 예비 지식을 어느 정도 가지고 이제부터 법화경이 보여 주는 보살의 행적을 하나하나 보기로 한다. 약왕보살품은 약왕보살이 어떻게 사바세계에서 활동하며 그 약왕보살은 어떠한 고행을 하였습니까라는 수왕화보살의 질문으로 시작된다.

과거에 일월정명덕불이라는 부처님이 계셨는데 그의 제자 중 일체중생희견보살(一切衆生喜見菩薩)과 성문 대중을 위하여 법화경을 설하였다. 그 일체중생희견보살이 즐겨 고행의 수행을 하여 드디어 현일체색신삼매(現一切色身三昧)를 얻게 되었다. 일체중생희견보살이란 모든 사람들이 그를 보기를 기뻐하는 보살을 말하고 현일체색신삼매란 마음먹은 대로 몸을 나타내는 삼매를 가리킨다.

그 희견보살은 이러한 신통한 삼매를 얻은 것은 모두 법화경을 들은 힘이니 일월정명덕 부처님과 법화경에게 공양하겠다고 마음먹고 삼매에 들어가서 하늘의 꽃과 전단향을 허공 중에서 뿌려 부처님께 공양하였다. 그러나 그는 그것으로 부족하다고 생각하고 몸을 불살라 태우는 소신공양을 하기로 한다. 여러 가지 향유를 오랫동안 마시고 신통력으로 스스로 몸을 불사르니 아주 오랫동안 여러 세계를 밝게 비추었다. 그러자 그 여러 세계의 부처님들이 모두 그것이 진정한 정진이며 진정한 법다운 공양이며 제일가는 보시라고 칭찬하였다.

그 희견보살은 목숨을 마치고는 다시 일월정명덕 부처님 앞에 홀연히 결가부좌한 채로 환생하였다. 그는 그 부처님께 안부 인사를 드리고 그때 그 부처님은 희견보살에게 내가 곧 열반에 들 것이니 보살 대중과 깨침의 불법을 그대에게 부촉한다. 그대는 그것을 널리 유포하고 천 개의 탑을 쌓고 공양하라고 당부한다. 그는 탑에 그 부처님 사리를 봉안하고 다시 그 사리에 자기의 몸을 태워 공양하였다. 그의 제자들은 우리의 스승이 팔을 태워 이제 불구의 팔이 되었다고 걱정하자 희견보살은, "내가 두 팔을 버렸으니 반드시 금빛의 부처님 몸을 얻을 것이다. 이 말이 진실이라면 나의 두 팔이 전과 같이 되리라." 하고 서원하였는데 그 찰나에 두 팔이 전과 같이 회복되었다.

그때의 희견보살이 바로 지금의 약왕보살이며 무상의 깨우침을 얻으려는 마음을 낸 사람이 손가락이나 발가락 하나를 태워 불탑에 공양하면 다른 어떤 보물로 공양하는 것보다 그 공덕이 더 크다고 한다.

또 어떤 사람이 여러 세계에 가득한 일곱 가지 보물로 부처님과 보살들에게 보시한 것보다 법화경의 한 구절을 받아 지니는 것이 더 큰 공덕을 갖는다고 부처님께서 말씀하신다.

① 모든 강보다 바다가 제일 크듯이 법화경은 모든 경 가운데 가장 깊고 넓으며,

② 모든 산 가운데 수미산이 제일이듯 법화경도 여러 경전 가운데 제일이다.

③ 모든 별 가운데 달이 가장 밝듯이 법화경도 모든 경 가운데 가장 밝게 비추고,

④ 또 해가 모든 어둠을 없애듯 법화경도 모든 착하지 못한 어둠을 깨뜨린다.

⑤ 제석천왕이 33천 가운데 왕이듯이 법화경도 모든 경의 왕이다.

따라서 이 법화경은 ① 능히 모든 중생을 구원하고 ② 그들로 하여금 모든 괴로움을 여의게 하며 ③ 일체 중생을 이익케 하고 ④ 그 소원을 충족시켜 준다. 법화경을 만나는 것은 목마른 사람이 물 만난 것과 같고 추운 사람이 불을 얻음과 같고 병난 사람이 의사를 만남과 같고 어두운데 밝은 등불을 만난 것과 같다. 이와 같이 법화경은 중생으로 하여금 모든 고통과 모든 병을 여의게 하고 중생들의 속박을 풀어 준다. 어떤 사람이 이 법화경을 수지 독송하고 쓰고 남에게 쓰게 하고 해설하면 그 공덕은 한량없이 많다.

법화 수행을 하면 탐욕으로 괴로워하지도 않고 성냄과 어리석음으로 괴로워하지 않게 되며 보살의 신통을 얻고 눈이 청정하여진다. 이런 수행자는 여러 부처님들[百千諸佛]이 신통력으로 함께 지켜 준다[以神通力 共守護汝]. 오직 부처님을 제외하고는 보살이든 성문이든 지혜와 선정에 있어서 이런 수행자와 대등한 사람이 없다. 이렇게 법화경이 제일 좋은 경임을 역설하시고 그것을 수지 독송하는 공덕을 말씀하시고는 수왕화보살에게 이 약왕보살품과 함께 법화경을 신통력으로써 수호하여 말법시대의 사바세계에 끊어지지 않게 유포하라고 당부하신다. 이 경은 말법시대의 사바세계 중생들의 병에 좋은 약[良藥]이 되므로 병 있는 사람이 이 경을 들으면 병이 곧 소멸한다고 한다.

부처님이 열반하시고 처음 5백 년을 해탈견고(解脫堅固), 두 번째 5백 년을 선정견고(禪定堅固), 세 번째 5백 년을 다문견고(多聞堅固), 네 번째 5백 년을 복덕견고(福德堅固) 또는 탑상견고(塔像堅固), 다섯 번째 5백 년을 투쟁견고(鬪爭堅固)라고 한다. 첫 천년은 정법시대(正法時代)로

서 수행자들이 선정도 열심히 하고 해탈도 하는 시대이지만 두 번째 천년은 이른바 상법시대(像法時代)로서 해탈이나 선정보다는 많이 듣고 기복하는 시대로서 불법의 힘이 점차 약해진 시대를 말한다. 그렇게 2천 년이 지나고부터가 말법시대인데 그 첫 5백 년이 싸움이 치성한 시기이다. 이 후5백 년부터 시작되는 말법시대에 이 법화경이야말로 병든 중생들에게 있어 좋은 약이 되니 그것을 잘 지켜서 그들에게 전해 주라는 부탁이다. 여래수량품에서 병든 자식들에게 의사인 아버지가 약을 지어 놓고 먹으라고 간절히 말씀하신 비유가 바로 이 약왕보살품의 메시지와 같다.

약왕보살은 법화경을 듣고 법화 수행을 하여 몸과 마음이 청정하여지고 깊은 삼매를 얻었다. 그가 자기 몸을 불태우고 또 다시 태어나서 자기의 두 팔을 태운 것은 바로 '자기'를 죽이는 고행이다. '자기'를 철저히 버리지 않고는 보살의 수행이 완성되지 않는다. 이렇게 철저히 자기를 버리고 또 자기와 상대되는 모든 대상 세계가 모두 마음이 만든 것으로 꿈처럼 아무런 실체가 없는 것이라는 공(空)을 철저히 마스터하고 나야 비로소 불지혜(佛智慧)에 가까이 다가갈 수가 있는 것이다. 감산 대사가 이 약왕보살품부터 불지견에 들어가는 것이라고 보는 것도 이런 점에서 이해할 수 있다.

묘음보살 및 관세음보살 보문품
여러 가지 모습으로 중생을 제도한다

법화경의 전반부에는 주로 성문 제자들이 설법의 대상이 되지만 후반부에서는 주로 보살들의 행적이 그 대상으로 등장한다. 그것은 성문 제자들을 비롯한 청법 대중들로 하여금 그동안 붓다로부터 방편의 법문을 듣고 수행하여 얻은 아라한의 지위나 보살의 지위에서 한 걸음 더 나아가서 중생 제도를 실천하고 불지혜를 증득하여 성불하는 일불승의 큰 길로 나아가게 하기 위한 것이었다.

소승은 자기 자신의 괴로움에서 해탈하여 열반을 얻는 데 수행의 주 목표를 두지만 대승은 안락행품에서 밝혔듯이 수행하여 성불하고자 하는 주된 목적을 자기 자신과 함께 고통받고 있는 중생들을 고통에서 구원하여 해탈케 하고 성불하게 하는 데 두고 있다. 그것을 보여 주기 위하여 법화경의 후반부에 이르러서는 보살들의 행적이 하나의 모범으로 보여지고 있다.

앞에서 보았듯이 상불경보살과 약왕보살은 인욕 수행을 통하여 철저하게 아상(我相)을 버리고 '자기'를 죽이는 수행의 모범을 우리들에게 보여 준다. 상불경보살처럼 '나'를 죽이지 않고는 남을 공경할 수 없고 남이 나를 욕하고 때려도 자비심을 잃지 않기 어렵다. 보통의 사람들은 누구나 자기의 '몸'을 천금같이 여긴다. 그러한 몸을 약왕보살은 불태워 공양하였는데 그것은 '나'를 죽이는 수행의 극치라고 할 수 있다. 여기에 등장하는 묘음보살과 관세음보살도 중생 제도의 모범을 보여 준다.

보살 수행 덕목의 첫 번째가 '보시'이다. 보시 하면 흔히 재물의 보시만을 생각하는데 그보다 더욱 중요한 것이 법보시(法布施)와 무외시(無畏施), 즉 두려움을 없애 주는 보시이다. 법화경에서 묘음보살은 재보시(財布施)와 법보시(法布施)를 하는 보살로, 그리고 관세음보살은 법보시뿐만 아니라 사람들의 두려움을 없애 주는 보시를 행하는 보살로 등장한다.

묘음보살품에서도 붓다는 신통력으로 빛을 내어 저 멀리 동방에 있는 한 불국토를 비춘다. 그리고 그것을 계기로 그 불국토의 묘음보살이 법화경에 공양하기 위하여 삼매의 힘으로 그곳의 많은 보살들을 대동하고 영산법회에 연꽃을 타고 나타나서 석가모니 붓다와 다보불에게 안부의 인사를 한다. 그는 전생에 아주 오랫동안 그곳의 붓다께 많은 기악과 보배, 발우를 공양하고 또한 법화 수행을 하였다. 그는 그러한 공덕으로 특히 세 가지 중요한 능력을 얻게 되었다.

첫째의 능력은 묘음(妙音)을 내는 능력이다. '묘한 진리의 소리'는 듣기도 좋고 들으면 아름답기 때문에 듣는 사람의 마음을 움직이는 신묘한 힘을 가진다. 요즘 말로 표현하면 감화력과 설득력이 있다는 것이다. 묘음보살과 관세음보살은 중생을 제도하기 위하여 여러 사람과 사람 아닌 다른 중생들에게 법화경을 비롯한 여러 가지 불법을 설하고 다니는데 그러한 설법자에게 꼭 필요한 능력이 바로 이러한 교화의 능력이다.

둘째의 능력은 중생들의 말을 이해하는 능력[解一切衆生語言三昧]이다. 사람들이 입으로 하는 말은 물론이고 말없이 하는 마음속의 말까지도 알아들을 수 있어야 중생을 제대로 제도할 수 있다. 묘음보살은 그러한 능력을 가지고 있는 것이다.

세 번째의 능력이 마음먹은 대로 모습을 나타내는 능력[現一切色身三昧]이다. 보살이 수행의 높은 단계에 도달하면 필요에 따라 뜻한 대로 몸을 나타낼 수 있는 능력을 갖게 되는데 이러한 능력을 갖추어야 제대로 중생을 제도할 수 있기 때문이다.

그리하여 묘음보살은 중생 제도의 필요에 따라 여러 가지 변화신(變化身)과 형상을 나타내는데 그 범위는 지옥, 아귀, 축생, 아수라, 사람, 하늘, 성문, 벽지불, 보살, 그리고 부처에 이르는 열 가지 법계에 다 걸쳐서 가능하다. 때로는 축생의 몸으로도 나타나고 아수라의 몸으로도 나타난다. 사람의 경우는 동남·동녀·재가 신자·궁녀의 몸으로도 나타나고 필요하면 성문이나 보살의 형상을 취하기도 한다.

법사공덕품에서 보았듯이 묘음보살은 법화경에 등장하는 다른 보살들처럼 법화 수행을 한 공덕으로 위에서 말한 여러 가지 능력뿐만 아니라 큰 몸과 푸른 연꽃같이 단정한 모습을 갖추었다. 그리고 많은 보살 대중을 대동하고 연꽃을 타고 영산법회에 출현하였는데 그의 불국토에서 사바세계에 올 때 경천동지하는 놀라운 광경을 연출한다. 요즘 말로 표현하면 그는 불법의 진리를 터득하고 신통력과 탁월한 언변을 갖추고 있는 셈이다. 그러니 그의 설법이 얼마나 잘 먹혀들겠는가 짐작할 수 있을 것이다. 묘음보살에 대한 설법을 듣고 대중들은 모두 현일체색신 삼매를 얻고 어떤 보살은 법화삼매를 얻었다.

관세음보살은 우리에게 매우 친숙한 보살이다. 우리들의 할머니나 어머니들이 절에 가서 기원이나 기도할 때 많이 하는 것이 '나무관세음보살' 하는 관음기도이니 관세음보살은 모르는 사람이 없을 정도로 잘 알려져 있다. 관세음보살은 법화경을 설하는 영산법회에 처음부터 참석하여 석가모니불로부터 법화경을 듣고 법화 수행을 하고 법화삼매를 증득하였다고 보아도 무방하다. 그리하여 관세음보살도 앞의 묘음보살처럼 고통받는 사람들의 마음의 소리를 들을 수 있고 고통받는 사람들을 고통과 고난에서 구원하기 위하여 원하는 대로 변화의 몸을 나타낼 수 있는 신통력을 갖추고 있다.

능엄경에 보면 보살이 여덟 번째 단계(第8地)에 이르면 평등한 진여심[一眞如心]을 깨치고 아홉 번째 단계에 이르러 그 진여심이 신묘한 작용[發眞如用]을 한다고 하며 마지막 단계인 제10지에 이르면 보살이 얻는 열반의 세계에 자비심과 신묘한 진리가 충만하다고 한다. 바꾸어 말하면 8지 이상의 높은 단계의 수행을 마친 보살은 궁극의 진리를 터득하고 사물과 사람을 있는 그대로 보는 지혜를 얻고 여러 가지 신통력을 자유자재로 구사하여 중생을 제도하는 능력을 갖게 된다.

관세음보살은 들음을 돌이켜 소리에서 벗어나 듣는 성품을 보고 깨친 보살이다. 우리는 들리는 소리에 집착하여 소리에 매이지만 그는 소리가 있건 없건 항상 우리에게 있는 듣는 성품을 보고 무상의 도를 통하였다. 다시 말하면 그는 들음을 돌이켜 소리에서 벗어나 듣는 성품을 통하여 마음의 본원인 진여 자성(眞如自性)을 보고 깨친 것이다.

관세음보살과 묘음보살은 모두 '소리'와 깊은 관련을 가진 보살인데 그만한 이유가 있다. 이 보살들은 중생들을 제도하기 위하여 설법을 하고 고통받는 많은 사람들을 고통과 고난과 생사의 두려움에서 구원하는 큰 역할을 하는데 그때 말을 하고 말을 듣는 일이 매우 중요하며 그것은 '소리'를 매개로 하여 이루어진다. 사람들이 생활 세계에서 의사소통을 할 수 없으면 사회적 활동을 하고 살아가는 일은 불가능하다. 다시 말하면 서로 주고받는 말 '소리'가 주요 의사소통 수단이란 것이다. 묘음보살이 하는 설법은 바로 진리의 소리[法音]요 듣는 이를 변화시키는 힘을 가진 소리[妙音]이다.

관세음보살은 '소리'를 따라 소리를 듣는 마음의 근원을 본 사람으로 '소리 없는 소리'를 들을 수 있는 능력을 가지고 있다. 그리하여 그는 중생들의 말없는 고통의 소리를 듣고 그들을 구원하여 준다.

이 관세음보살은 우리나라에서 많이 염송하는 반야심경의 주역으로 등장한다. 어느 때 석가모니 부처님이 깊은 삼매에 계실 때 사리불이 관세음보살에게, "깊은 반야바라밀다를 수행하고자 하는 수행자는 어떻게 수행하여야 합니까?" 하고 질문하고 그에 대하여 관세음보살이 대답한 내용이, "깊은 반야바라밀다를 수행할 때 다섯 가지 요소인 육신, 느낌, 인지, 행, 그리고 의식이 모두 비어 공(空)하다고 알아야 한다. 그러면 이 고통의 세계에서 저 낙원의 세계로 건너갈 수 있다." 하고 시작한다. 그리고 마지막에 '아제 아제 바라아제 바라승아제 모지 사바하' 하는 주문으로 관세음보살이 설법을 끝내고 그때 부처님께서 삼매에서 나오시어 관세음보살을 칭찬하여, "참으로 훌륭한 가르침이다. 수행자는 그와 같이 깊은 반야바라밀다를 수행하여야 한다. 그러면 모든 부처님들이 기뻐하리라." 하는 말씀으로 끝난다.

약왕보살과 상불경보살의 수행에서도 보듯이 보살은 궁극적으로 '자기'를 완전히 죽이고 자기와 상대되는 모든 대상의 상(相)을 말끔히 소멸시켜 분별 의식이 모두 사라진 수행자이다. 그리하여 모든 것을 있는 그대로 평등하게 보는 지혜를 증득한 이들이다. 아함시대에는 '나'라는 것을 해체하기 위하여 그것을 다시 다섯 가지 요소[五蘊]로 나누어서 각 요소의 어디에도 '자기'라고 할 수 있는 것이 없다고 가르쳤는데 반야심경에 와서는 이 다섯 가지 요소마저 결국 실체가 없으며 공이라고 가르친다. 육체라는 색도 실체가 없이 빈 것이고 우리의 인식, 생각, 느낌, 그 모든 것도 결국은 실체가 없이 빈 것이다. 그 가르침이 색즉시공 공즉시색(色卽是空 空卽是色)의 내용이다. 모든 분별과 구별이 소멸한 절대의 마음 자리에서 보면 눈·귀·코의 구별은 아무런 의미가 없고 고통과 고의 원인과 그것의 소멸과 소멸에

이르는 길도 없다.

반야시 이전에는 고(苦)도 있고 고의 원인도 있다고 가르쳤으나 반야시에 들어와서는 고도 없고 고의 원인도 없고 고의 소멸과 그 소멸에 이르는 길도 없다고 한다.

그러나 반야시의 20여 년간 절대 공의 교화를 받은 수행자들은 그러한 수행을 통하여 사물을 있는 그대도 볼 수 있는 무분별의 지혜[無分別智]를 증득하였으므로 이 법화경에 들어와서는 이 고통의 세계가 그대로 낙원이고 이 예토인 사바세계가 그대로 정토(淨土)라고 가르치고 있다. 이것은 매우 중요한 가르침이다.

하여튼 관세음보살도 묘음보살처럼 중생들의 소리나 말없는 마음의 소리를 다 듣고 아는 능력을 갖고 있고 필요에 따라 그 몸을 자유자재로 나타내는 능력을 갖추었다. 특히 그는 법보시와 무외시(無畏施)를 행하는 보살이다. 법화경을 비롯한 불법을 설법하여 중생들을 제도하고 이 사바세계에서 고통받고 두려움에 떨고 있는 중생들을 고통과 고난에서 구원해 주고 그들이 느끼는 두려움과 공포심을 해소시켜 준다.

관세음보살보문품에서, "많은 중생들이 모든 괴로움을 받을 때 일심으로 관세음보살의 명호를 부르면 관세음보살이 그 음성을 관하여 보고 모두 고통에서 해탈케 한다."고 설하고 있다. 큰불을 만나거나, 큰물에 떠내려 가거나, 폭풍을 만나거나, 나찰들을 만나거나, 칼과 몽둥이를 만나거나, 쇠사슬에 묶이거나, 여러 가지 위험을 만날 때 관세음보살의 명호를 부르면 그 모든 환난에서 벗어난다. 음욕심이

나, 성내는 마음이나, 어리석은 마음이 일어날 때도 관세음보살의 이름을 부르면 그 마음들이 다 소멸하게 된다고 한다. 이렇게 큰 위력과 신통력을 가진 관세음보살이 중생들에게 법을 설하기 위하여 앞의 묘음보살처럼 32가지 몸을 나타낸다. 때로는 부처님의 몸을, 어떤 때는 성문의 몸을, 어떤 때는 동남동녀의 몸을, 어떤 때는 재상 부인의 몸을 나타내어 설법한다. 관세음보살은 널리 지혜와 방편을 수행하여 신통력과 묘한 지혜력을 갖추어서 여러 세계 어느 곳에도 그 몸을 나타내지 않는 곳이 없고 지옥·축생도 구해 주고 생로병사(生老病死)의 고통을 다 없애 준다.

그러므로 관세음보살은 괴로움과 죽는 액운을 만났을 때 능히 의지처가 된다. 이렇게 하여 관세음보살의 민중신앙이 생겨나서 우리나라에서도 많은 불자들이 관세음보살을 염송한다. 그러나 관세음보살보문품의 가르침은 그처럼 보살 수행을 하고 생활 속에서 자비행을 실천하는 것이 우리가 배울 점이란 것이다. 바람 피우고 속 썩이는 남편과 공부 안 하고 애먹이는 자식과 고약한 이웃들이 사실은 남을 미워하는 마음을 버리고 참는 인욕 수행과 남을 사랑하는 자비 수행을 나에게 가르치기 위하여 나타난 관세음보살의 화신일 수도 있다. 그렇게 우리가 관세음보살의 자비행을 생활 속에서 실천함으로써 부처의 지혜에 들어갈 수 있기 때문이다.

다라니품

부처님의 수호와 가지(加持)

이제까지 보살의 행적을 통하여 보살 수행의 깊이를 보았다. 그들은 수행을 통하여 표면의 마음부터 깨끗이 하여 점점 심층으로 내려가서 심층의 마음인 제8 아뢰야식까지 철저히 청정히 하여 불지혜에 가까이 이르러 간다. 근기가 뛰어나지 않은 수행자들은 불보살의 특별한 보호와 도움이 없이는 그러한 수행의 과업을 완수할 수 없다. 그리하여 등장한 것이 제 26 다라니품이다.

다라니는 깨친 부처님들이나 보살들의 지혜의 힘과 신통 변화의 힘을 가진 진리의 말과 문장을 말한다. 진언(眞言)이라고도 하는 것으로 수행자가 깊은 수행 중에 마음속으로 일념으로 염송하면 불보살의 가지력으로 여러 가지 방해하는 존재들로부터 보호되고 깊은 삼매에 들고 또 나쁜 길로 떨어지지 않고 아뢰야식의 모든 습기가 말끔히 소멸하여 묘각과 등각의 지위에 나아갈 수 있다. 보통의 경우 지관의 힘만으로 7지까지는 갈 수 있으나 그 이상은 결국 부처님의 도움이 있어야 가능하다.

일반적으로 법화 수행은 법화경을 수지 독송하고 지관의 수행을 하는 겉으로 드러난 수행법과 다라니와 '나무 묘법연화경'하고 제목 봉창하는 만트라(mantra) 수행의 밀교적 수행법을 병행한다. 달마 대사가 중국에 와서 선불교를 전할 때 유일하게 가져온 경전인 능가경에서는 부처님은 ① 보살로 하여금 마(魔)의 방해와 모든 번뇌를 멀리 떠나게 하려는 까닭에 ② 성문지(聲聞地)에 떨어지지 않게 하려는 까닭에 ③ 속히 여래지(如來地)에 들게 하려는 까닭에 ④ 얻은 바의 진리가 더욱 승상뇌게 하려는 끼닭에 모든 부처님께서 가지력(加持力)으로써 모든 보살들을 보호하신다고 말씀한다. 부처님의 가지에는 두 가지가 있는데 ① 삼매에 들게 하는 것 ② 몸을 그 앞에 나타내어 손으로 그 정수리에 물을 뿌려 주는 관정이 그것이다. 그러한 부처님의 도움으로 보살은 초지에서부터 점점 깊은 삼매에 들고 더 나아가서 마지막의 법운지(法雲地)에 이른다.

이 법화경에서는 부처님과 보살들의 신통력으로 수행자를 보호하고 돕는다. 다라니품은 우선 약왕보살이 이 법화경을 수지 독송하여 통달하고 사경하면 그 복덕이 얼마나 큰 것이냐고 부처님께 묻는 것으로 시작한다. 8백만억 나유타 항하사 수의 보살들에게 공양한 것보다 법화경 수지 독송 해설하는 공덕이 더 크다고 부처님은 말씀하신다. 그리고 이어서 약왕보살이, "이제 이 법화경을 설하는 사람에게 다라니 주문을 주어서 그를 수호하겠나이다." 하며 다라니 주문을 말한다. 그것은 범어 그대로이니 직접 읽어야 불보살의 보호를 받는 것이 된다. 이어서 용시보살의 다라니 주문이 이어진다.

그 다음으로 악귀와 같은 존재들을 통솔하는 사천왕의 하나인 비사문천왕과 지국천왕들이 또한 부처님들의 다라니 신주를 각각 설하여 경전 수지인(受持人)을 모든 환난에서 보호한다. 끝으로 나찰녀들과 귀자모가 법화경을 보호하고 또 그것을 수지 독송하는 법사를 모든 나쁜 존재들의 침해로부터 보호하는 주문을 설한다. 그들은 부처님으로부터 법화경의 제목만 지켜 수호하여도 그 복덕이 한량없는데 법화경 전체를 보호하고 또 그 수지자를 보호하는 공덕은 참으로 크다고 칭찬받으며 다라니품은 끝난다. 나찰녀 등은 본래 어둠 속을 다니며 사람을 해치는 사람 아닌 존재들이지만 부처님의 교화를 받고 불법을 수호하는 호법 선신으로 변한 존재들이다.

묘장엄왕본사품
심층의 마음이 변해야 한다.

감산 대사는 제 27 묘장엄왕본사품을 제6식과 제7식, 그리고 제8식을 비유로 하여 아주 흥미있고 의미있는 해설을 하였다. 그는 우선 묘장엄왕을 심왕(心王)인 제8 아뢰야식이라 보고 그의 두 아들을 제6식과 제7식으로 보며 그 왕의 부인은 수행자가 늘 행하는 지관법(止觀法)으로 본다. 이 묘장엄왕본사품에서 보여 주듯이 묘장엄왕은 본래 외도(外道)를 믿는 사람이었는데 이미 법화 수행을 한 두 아들이 어머니의 권유에 따라 여러 가지 신통 변화를 보여 그 아버지를 부처님에게 인도하고 그로부터 불법을 듣고 수행하여 성불의 수기를 받게 된다. 우리가 법화 수행을 하면 제일 먼저 변하는 것이 표층의 마음인 제6식과 그 다음의 제7식이다. 6식과 7식의 인도로 부처님의 가르침에 따라 더욱 수행하고 겸하여 부처님의 가지(加持)를 받아서 결국 심층의 아뢰야식에 대변혁이 일어나서 대원경지(大圓鏡智)라는 부처의 지혜를 증득하게 된다. 유식파에서는 비유로 제8 아뢰야식을 정원의 땅으로 보고 그 땅에 심어진 씨앗인 불성(佛性)에 계속 물을 주고 가꾸는 정원사를 제6식인 마음으로 보는데 감산 대사의 해설은 그러한 유식파의 가르침과 같은 것이다.

이 묘장엄왕본사품의 또 한 가지 특징은 외도(外道)로 처음 불문에 들어온 사람에게 성불의 수기를 준다는 점이다. 수기품에서 수기를 받은 수행자들은 모두 소승의 제자들이었다. 그리고 법사품에서 법화경의 한 구절이라도 듣고 수지하고 기뻐하는 사람은 누구나 다 수기를 준다고 하여 불특정(不特定)인에게 수기를 준 사실은 있지만 부처님 설법을 들은 일반 사람에게 그 자리에서 성불의 수기를 주는 것은 법화경에서는 묘장엄왕이 처음이고 마지막이다.

이 묘장엄왕본사품의 등장인물인 묘장엄왕은 이 법화회상에 있는 화덕보살의 전생인이다. 정덕부인은 전생의 광조장엄상보살이고 두 아들은 각각 전생의 약왕보살과 약상보살이었다.

이 품의 설법은 이렇게 시작된다. 아주 오래전에 어떤 나라에 운뢰음수왕화지 부처님이 계시고 그 나라에 묘장엄이란 임금이 있었다. 그의 부인의 이름은 정덕이고 아들은 각각 정장과 정안이었다. 어머니와 아들들은 이미 불도에 들어 오래전에 보살도를 행하여 6바라밀과 법화삼매를 비롯한 여러 가지 삼매와 신통력을 다 갖추고 있었다. 그때 마침 운뢰음수왕화지 부처님이 사람들에게 법화경을 설하고 있었는데 두 아들이 어머니에게 함께 가서 듣자고 권유하자 어머니는 우선 아버지가 외도를 믿고 있으니 너희들이 여러 가지 신통력을 보여서 아버지 마음을 돌린 다음 함께 가자고 한다.

두 아들은 아버지 앞에서 공중에서 다니고 땅속으로 들어가기도 하고 공중에 떠서 몸에서 불을 나게 하고 물을 뿜기도 하는 등 놀라운 광경을 연출한다. 그들의 신통력에 이끌린 아버지는 결국 모든 권속을 거느리고 그 부처님에게 귀의하여 법화경의 설법을 듣는다. 그리고 그 부처님으로부터 장차 성불하게 될 것이라는 수기를 받고 왕위를 아우에게 맡기고는 가족들과 함께 출가하여 불도를 닦게 된다. 그는 아주 오랫동안 법화 수행을 하여 큰 삼매를 얻게 되었다.

그때 그 왕은 부처님에게 두 아들이 자기의 선지식이었고 그 선지식 덕분에 이러한 큰 삼매를 얻게 되었다고 말한다. 그 부처님은 선지식의 인연이 있어야 그로부터 교화를 받고 결국 무상의 깨침을 얻게 된다고 말한다. 우리는 법화경 방편품에서 성불도 인연 따라 이루어진다고 들었다. 우리는 누구나 다 부처가 될 수 있는 씨앗을 저 심층의 아뢰야식에 간직하고 있다. 그 씨앗이 싹이 트고 꽃피게 하려면 지관의 수행을 비롯한 법화 수행을 끊임없이 하여야 한다. 그런데 법화경을 수지 독송하려면 꼭 선지식을 만나는 인연이 있어야 한다. 누군가가 옆에서 여기 참으로 좋은 가르침이 있다고 소개하고 설명하여 안내해 주지 않으면 안 된다. 좋은 스승과 도반들과 함께 함으로써 내 속에 있는 불성의 씨앗은 훈습(薰習)되어 싹이 트고 계속 자라서 결국 아름다운 깨침의 연꽃을 피우게 된다. 이것이 이 묘장엄왕본사품의 가르침이다.

묘장엄왕은 부처님께 이렇게 다짐한다. "세존이시여, 예전에 없었던 일이옵니다. 여래의 법은 여러 가지 미묘한 공덕을 갖추고 있고

그 가르침이 편안하고 즐거운 것입니다. 제가 오늘부터는 다시는 마음 내키는 대로 행동하지 않겠사오며 그릇된 소견과 오만한 마음과 성내는 마음등 모든 나쁜 마음을 내지 않겠나이다."

보현보살권발품
실천 제일

드디어 우리는 법화경의 마지막 설법 장면인 제 28 보현보살권발품에 이르렀다. 법화경에는 많은 보살들이 등장한다. 처음인 서품에서는 큰 지혜(大智)를 상징하는 문수사리보살과 다음에 부처가 되어 사바세계에 온다는 미래불인 미륵보살이 주인공으로 등장하여 부처님에게 설법을 청하기도 하고 또 설법의 대상이 되기도 한다. 제 25 관세음보살보문품에서는 대비(大悲)의 화신인 관세음보살이 주인공으로 등장하였고 드디어 마지막 설법에서는 대행(大行) 즉 실천을 상징하는 보현보살이 주인공으로 등장한다.

앞에서 우리는 인욕 수행의 상징인 상불경보살과 약왕보살이 등장한 것을 기억한다. 이렇게 보살들은 불법의 핵심을 그들의 행적을 통하여 드러내고 있다. 문수보살이 상징적으로 드러내는 '반야의 지혜'는 중생들의 무명을 제거하는 데 필요한 것이다. 상불경보살과 약왕보살은 인욕 수행을 통하여 뿌리 깊은 아상(我相)과 '나'를 죽여 무분별의 지혜와 자비심을 얻는 것을 상징적으로 보여 주고 대비의 화신인 관세음보살은 수행의 목적이 고통받고 있는 많은 중생들을 고통에서 구원하는 것이라는 점을 상징적으로 보여 준다. 그것이 바로 자비심이다. 그리고 마지막에 와서 큰 실천을 상징하는 보현보살을 등장시켜 그 모든 수행이 실천으로 결실을 맺지 않으면 아무런 쓸모가 없음을 가르치고 있는 것이다. 이러한 보살들의 행적을 통하여 우리는 반야의 지혜와 유화 인욕(柔和忍辱)의 마음과 대자비의 마음이 불도의 핵심이고 이것은 실생활에서 실천되지 않으면 아무런 의미가 없다는 것을 배우게 된다.

보현보살이 자재한 신통력과 위력으로 유명한 무수한 대보살들과 함께 동방으로부터 와서 기사굴산의 법화회상에 나타나 석가모니 부처님께 예배한다. 그는 보위덕상왕불의 세계로부터 멀리 떨어져 있는 이 사바세계에서 석가모니 부처님께서 설하시는 법화경을 듣기 위하여 무수한 보살들과 함께 왔다.

어떻게 하면 여래가 열반하신 뒤에 이 법화경을 만날 수 있겠나이까하는 보현보살의 질문에 부처님께서

① 부처님들이 마음에 두고 지켜 주시고[諸佛護念]
② 모든 착한 덕을 갖추고[植衆德本]
③ 불도를 성취하는 바른 길에 들어야 하고[入正定聚]
④ 일체 중생을 구제하고자 하는 마음을 내야[發救一切衆生之心] 여래가 열반한 뒤에 반드시 이 법화경을 만나게 된다고 말씀하셨다.

앞의 여러 품에서도 나왔지만 이 법화경은 믿기도 어렵고 이해하

기도 어려운 진리를 설한 경이기 때문에 아무에게나 설하지 말라고 하였다. 사람들이 법화경을 받아들일 수 있는 자질을 갖추고 어느 정도 준비가 되어 있을 때 비로소 권유하여야 한다. 앞의 여러 가지 조건은 그것을 말하고 있는 것이다.

그때 보현보살은 여래가 열반하시고 말법시대에 흐리고 악한 세상에서 이 경전을 받아 지니는 이가 있으면 마땅히 수호하여 근심이 없고 편안하게 할 것이며 마도(魔徒)의 무리들과 다른 인간 아닌 존재들이 그를 괴롭히지 못하게 할 것이라고 부처님께 다짐한다.

만일 법화 수행자가 법화경을 수지 독송하면 그 앞에 나타나서 그에게 공양하고 그를 수호하고 위로할 것이며 그가 만일 한 구절이라도 잊어버리면 가르쳐 주어 통달케 할 것이라고 말한다. 그 결과로 법화 수행자는 여러 가지 삼매와 선다라니 등을 얻게 된다. 선다라니란 전도된 자기의 마음을 되돌려 공의 도리를 아는 것을 말한다.

또 보현보살은 말법시대에 법화 수행을 하려면 삼칠일(三七日) 동안 일심으로 정진해야 하며 그것이 끝날 때 흰 코끼리를 타고 보현보살이 직접 나타나 그에게 법을 설하여 주고 가르쳐서 그를 기쁘게 하고 이롭게 하겠다고 다짐하면서 수행자를 수호하고 가지(加持)하는 다라니 신주를 설한다.

이 법화 수행자가 목숨이 다할 때 일천 부처님이 손을 내밀어 그가 두려움도 없고 악도에 떨어지지 않게 인도하며 도솔천상의 미륵보살 처소에 왕생하게 할 것이다. 또한 보현보살은 신통의 힘으로 이 경을 수호하여 말법시대에 사바세계에 널리 유포하여 끊어지지 않게 할 것이라고 부처님께 다짐한다.

이어서 부처님께서 말씀하신다. 이 법화경을 수지 독송하고 바르게 기억하고 닦아 익히고 사경하는 사람은 그것으로

① 석가모니 부처님을 보는 것이며,
② 부처님의 입으로부터 이 경전을 듣는 것이며,
③ 석가모니불께 공양하는 것이며,
④ 석가모니불로부터 착하다고 칭찬받는 것이며,
⑤ 석가모니불이 그의 머리를 만져 주는 것이며,
⑥ 석가모니불이 그를 옷으로 덮어 주시는 것임을 알아야 한다.

이런 수행자는 ① 세간의 욕락을 탐하지 않고, ② 매음하는 사람들을 가까이 하지 않고, ③ 탐욕과 분노와 어리석음의 세 가지 독에 시달리지 않고, ④ 질투·교만·아만, 아는 체함이 없다. 그는 욕심이 적고 만족할 줄 아는 보현행을 하는 사람이요, 그의 소원이 헛되지 아니하여 성취되고 현세에서 그 복을 받게 될 것이다.

만일 어떤 사람이 법화 수행자를 업신여기고 헐뜯으면 그것이 사실이건 아니건 상관없이 나쁜 병에 걸리는 등 그 죗값을 받게 된다. 그러므로 법화 수행자를 보게 되면 부처님 대하듯 공경하여야 한다. 이것으로 28가지의 설법으로 구성된 법화경의 설법이 대단원의 막을 내리게 되고 거기 모였던 청법 대중은 모두 크게 환희하여 부처님의 가르침을 모두 받아 지니고 부처님께 예배드리고 모두 물러간다.

성불을 하려면 법화 수행해야

지금까지 법화경 28품이 가르치는 내용을 각 품에 따라 요점을 정리하여 보았다. 28품을 통하여 드러난 법화경의 가르침과 법화경이 가르치는 수행 방법을 결론적으로 정리하여 보면 다음과 같다.

첫째로 우리는 누구나 다 부처가 될 수 있는 자질[佛性]을 본래부터 다 갖추고 있다는 것이다. 그것은 성불한 부처나 아직 성불하지 못한 범부 중생이나 아무런 차이가 없다. 연꽃의 씨앗이 싹트고 자라서 아름다운 꽃을 피운 것이 성불한 부처이고 무명이란 진흙 속에 묻힌 채 꽃을 피우지 못하고 있는 연꽃의 씨앗이 범부 중생이다.

둘째로 본래부터 가지고 있는 부처의 지혜인 우리의 본성을 알고 깨치면 성불하게 되고 궁극의 열반을 얻는다. 그 열반의 세계는 모든 시비분별과 고통을 떠난 항상되고[常], 즐겁고[樂], 깨끗한[淨] 세계이다.

셋째로 깨친 사람의 눈으로 보면 모든 사람과 사물과 현상은 있는

그대로 실상이요, 고통의 이 세상이 그대로 낙원이다. 낙원에서 살고 싶으면 모두 깨쳐야 한다.

넷째로 그러한 깨침을 얻고 성불하려면

① 법화경을 받아들여 독송하고 쓰고 또 해설하여야 하고

② 안락행품에서 가르치는 대로 지관법(止觀法)의 수행을 하여야 한다. 지(止)의 명상법은 한가한 곳에 앉아 항상 마음을 거두어 집중하고 항상 깨어 있는 마음을 유지하는 것이다. 관(觀)의 방법은 일체 모든 사람과 사물과 현상이 모두 본래부터 공(空)하여 있는 그대로 실상이라고 관하는 것이다. 이것이 정착되고 나면 걸을 때나 일할 때에도 그러한 명상 상태를 유지할 수 있다.

③ 항상 고통받는 다른 사람들을 구하고 제도하겠다는 큰 자비심을 내어야 한다.

④ 이렇게 법화 수행을 하여 마음을 정화하고 그 마음에서 일체의 시비분별의 상(相)을 제거하여 모든 것을 있는 그대로 보아야 한다.

다섯째, 그렇게 수행하여 나를 죽이고 공의 지혜와 자비심을 완성하면 현실세계에서 그것을 실천하여야 한다.

여섯째, 법화경을 수지 독송하고 가르친 대로 수행하면 부처님과 보살들의 가호의 힘과 법화경이 가지고 있는 신묘한 힘의 작용으로 누구나 쉽게 성불할 수 있다. 그리고 누가 언제 성불하는지는 오직 부처님만이 아신다.

한 송이 연꽃의 말없는 가르침

이제 법화경의 주요한 가르침을 소개하는 이 글의 종착점에 이르렀다. 이 글을 끝내면서 왜 법화경을 묘법연화경(妙法蓮華經 : Sadharma Pundarika Sutra)이라고 불렀을까를 생각해 보고자 한다.

우리가 갓난 아이에게 이름을 지어 줄 때 흔히 어떤 뜻을 그 이름 속에 담아 작명을 한다. 법화경에 등장하는 많은 보살들의 이름도 모두 깊은 뜻을 전하고 있다. 용시보살(勇施菩薩) 하면 용기를 주는 보살이란 이미지가 떠오르고 관세음보살 하면 세상의 모든 음성을 깊게 관하여 아는 보살이란 이미지가 떠오른다. 상정진보살(常精進菩薩)은 늘 정진하는 보살이요, 불휴식보살(不休息菩薩)은 수행하고 사람을 돕는 일에 있어 조금도 쉬지 않는 수행자요, 상불경보살(常不輕菩薩)은 사람들을 업신여기지 않고 늘 존중하는 보살이다.

마찬가지로 법화경을 묘법연화경이라고 이름지어 부르는 데도 깊은 뜻이 있을 것이다. 불경에 등장하는 부처님이나 보살들은 흔히 연꽃 위에 가부좌하고 앉아 있는 모습으로 등장하고 사찰의 불상들도 대개 연화대 위에 가부좌의 자세로 앉아 있다.

화엄경은 화장세계품에서 자세히 연화장세계에 대하여 묘사하고 있다. 여러 층의 풍륜(風輪)이 있고 그 맨위에 무수한 향수의 바다들이 있다. 가운데 있는 바다의 중앙에 하나의 큰 연꽃이 피어 있는데 '일체향마니왕장엄'이 부른다. 이 연꽃의 중앙에 향수의 바다가 있는데 그곳에 많은 세계의 무리가 있고 가운데 있는 세계의 무리 속에 20개의 세계가 층층이 놓여 있다. 밑으로부터 열세 번째의 세계가 사바세계이고 그곳의 부처님이 비로자나불이다.

석가모니 부처님이 어느 날 영산회상의 법회에서 아무 말씀도 없이 연꽃 한 송이를 들어 보이셨다. 거기 모인 청법 대중이 모두 어리둥절하고 있을 때 오직 마하가섭만이 그 뜻을 알고 빙긋이 미소를 지었다고 한다. 그때 부처님께서 나에게 정법의 핵심[正法眼藏]과 묘한 열반의 마음[涅槃妙心]과 실상의 미묘한 가르침[實相無相 微妙法門]이 있는데 그것을 마하가섭에게 전하노라 하고 선언하였다고 전해지고 있다. 이러한 사유로 마하가섭이 선종(禪宗)의 일대 조사가 되고 이어서 달마를 거쳐 중국에 와서 중국 선종의 제2조(二祖) 혜가에 이어지고 제6조 혜능 선사에 이르러 크게 선풍을 일으키게 된다. 그리하여 이 염화미소(拈華微笑)는 선불교를 상징하는 하나의 화두가 되었다. 이와 같이 연꽃은 불교와 깊은 인연이 있으며 불교를 상징하는 꽃이 되었다.

이른 봄 땅이 채 녹기도 전에 그 굳은 땅을 헤치고 피어나는 야생

꽃을 보면 신비스럽고 경이롭기 그지없다. 그러나 우리가 이 생각 저 생각에 마음을 빼앗기고 있을 때는 그 아름다운 꽃이 눈앞에 있어도 그것을 보지 못한다. 마하가섭이 그랬던 것처럼 오직 '이 순간'에 마음이 깨어 있는 사람만이 신비스럽고 경이로운 꽃의 '실상'을 체험할 수 있다. 마찬가지로 집중된 마음으로 '지금 이 순간'에 항상 깨어 있는 사람만이 지금 여기에서 전개되고 있는 경이로운 삶의 실상을 접하고 체험할 수 있다. 경이롭게 피어 있는 한 송이 연꽃은 항상 깨어 있는 마음으로 세상을 살아가는 부처님의 가르침을 나타낸다.

연꽃은 진흙 속에 뿌리를 두고 진흙과 더러운 물 위에 줄기를 내밀어 아름다운 꽃을 피운다. 연꽃의 씨앗은 보통 천년을 가도 변하지 않고 적당한 물과 진흙이 있고 그리고 햇볕으로 적당한 온도가 유지되면 싹이 트고 줄기가 자라서 아름다운 꽃을 피운다. 작은 씨앗 하나에 연꽃의 모든 것이 들어 있고 연꽃은 그 씨앗 속에 들어 있는 연꽃의 본질이 꽃으로 나타난 것이다. 그 씨앗은 씨앗 그대로 하나도 부족함이 없이 완전하다. 씨앗의 나툼인 연꽃도 역시 있는 그대로 하나도 부족함이 없이 완전하다. 더러운 진흙 속에 뿌리를 두고 물 위로 줄기를 내어 아름답고 깨끗하게 피어 있는 연꽃은 더러움과 아름다움이 하나임을 보여 준다. 다시 말하면 더러움과 아름다움이 다르지 않고 하나이다. 또 깨어 있는 눈으로 보면 연꽃이 곧 우주와 다르지 않다. 한 송이 연꽃이 피려면 많은 것의 도움이 있어야 한다. 진흙과 물이 있어야 하고 바람과 햇볕도 필요하고 사람의 따뜻한 손길도 있어야 한다. 그리하여 한 송이 연꽃 속에 우주가 들어간다고 해도 과언이 아니다. 이와 같이 세상의 삼라만상은 어느 것 하나 홀로 존재할 수 없고 서로가 서로에게 없어서는 안 될 필요한 존재라는 것을 연꽃은 말해 준다.

연꽃은 씨앗의 나툼이듯이 성불도 우리가 가지고 있는 불성의 나툼이다. 그 불성(佛性)이 저 더럽고 어두운 진흙 속과 같은 무명(無明)에 가려 있지만 햇볕이라는 부처님의 지혜와 부처님의 설법이란 법비[法雨], 즉 물을 만나고 부처님의 가호와 같은 적당한 온도를 만나면 싹이 터서 자라고 성불이라는 아름다운 연꽃을 피우게 된다.

저 연꽃의 씨앗이 있는 그대로 하나도 부족함이 없이 완벽하듯이 우리가 가지고 있는 불성도 아무런 부족함이 없이 완벽하고, 연꽃이 있는 그대로 부족함이 하나도 없이 완벽하듯이 우리도 누구나 있는 그대로 하나도 부족함 없이 완전하다.

더러운 진흙 같은 이 사바세계가 그대로 깨끗하고 아름다운 낙원임을 진흙 속에 뿌리를 두고 있는 한 송이 연꽃은 보여 준다. 연꽃 한 송이가 있는 그대로 부족함이 없는 진리요 실상이다. 우리가 살고 있는 이 고통의 세계가 '있는 그대로' 낙원임을 연꽃 한 송이가 보여 주며 그것이 바로 법화경이 말하고자 하는 제법실상의 가르침이다.

그리하여 묘법연화경은 이러한 진리를 나타내는 이름이다. 묘법(Saddharma)은 기묘하고 절묘한 진리, 즉 절대적이며 궁극적인 진리를 뜻하는 말이다. 절대란 모든 상대 즉 너와 나, 있다와 없다 등 모든 것을 둘로 나누어 보는 시비분별이 끊어진 것을 말한다. 절대(絕對)란 모든 상대(相對)가 끊어져 없다는 뜻이다 그리하여 절대 진리는

모든 것은 둘이 아니고 '있는 그대로'가 진리요 실상이라는 것을 가리킨다.

연화(Pundarika)란 흰 연꽃을 말한다. 흰 연꽃은 순백색으로 깨끗함을 나타내고 무명이란 더러운 검은 진흙과 대조가 되는 순백색의 꽃, 즉 깨침을 상징한다. 검은색과 흰색, 더러움과 깨끗함, 생사와 열반, 고통과 극락, 무명과 깨침이 모두가 둘이 아니고[不二] 하나임을 보여 준다.

경(Sutra)이란 부처님의 가르침을 말한다. 그러므로 묘법연화경은 모든 것은 있는 그대로 실상이요, 진리이고 누구나 다 수행하여 때가 되면 깨치고 성불한다는 것을 설하는 부처님의 가르침이다. 이것이 한 송이 흰 연꽃이 말없이 나타내는 말이요 가르침이다.

부록 1
주요 경전의 가르침

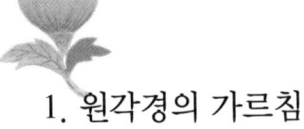

1. 원각경의 가르침

붓다는 원각경을 설하시기 전 깊은 삼매에 드셨다. 붓다께서는 설법을 하시기 전에 깊은 삼매에 들었다가 그 삼매에서 나와서 설법을 하는 경우가 많았다. 법화경을 설하시기 전에도 무량의처삼매에 드시고 그 삼매에서 나오시고 나서 설법을 시작한다.

원각경은 붓다께서 삼매에 편안히 드신 그 모습과 경지를 묘사하는 것으로 시작한다.

핵심 내용만 간추리면 그 경지는 신통한 광명으로 가득한 곳이고 모든 여래가 항상 머무는 빛나고 장엄한 곳이며 그것은 또한 일체 중생들이 본래부터 가지고 있는 청정한 깨달음의 경지이다. 그것은 열반이고 본래 평등한 것이며 불이(不二) 절대의 경지이고 이 불이 절대의 세계가 정토(淨土), 즉 낙원이다.

요약하면 붓다가 삼매 속에 머무는 세계는 모든 여래가 항상 머무는 깨달음의 세계[常寂光土]인데 그것은 모든 중생들이 본래부터 갖추고 있는 바로 그 깨끗한 깨달음의 마음이다. 그 세계는 절대 불이(絶對不二)의 세계로서 진리의 세계이며 모든 것을 유·무(有無), 시·비(是非)로 나누어 보지 않는 평등의 세계이다. 이곳이 바로 열반의 세계이며 모든 고통과 더러운 것들이 없는 정토(淨土), 즉 극락이다.

특히 여기에서 주목할 부분이 불이(不二)의 경지이다. 불이는 모든 것을 둘로 나누어서 인식하지 않는 것을 가리킨다. 우리가 살고 있는 생활세계는 모든 것을 너와 나, 있다와 없다, 옳다와 그르다 등 항상 둘로 나누어 보고 인식하는 상대(相對)의 세계이다. 깨침의 세계는 이 상대를 초월한 불이(不二)의 절대 진리의 세계를 가리킨다. 이 불이의 세계가 바로 정토, 즉 낙원이다[於不二境 現諸淨土]. 이처럼 깨달음의 경지를 서두에 밝히는 것은 그것이 모든 수행자들이 가야 하는 곳이기 때문이다.

이어서 대승의 올바른 수행법에 대한 문수보살과 보현보살의 질문에 대하여 우리는 누구나 다 본래부터 원만한 깨달음[圓覺]을 가지고 있는데 이 원만하게 비추는 청정한 깨침에 의하여 무명을 영원히 끊고 성불한다고 붓다는 설한다. 다시 말하면 우리는 이미 깨침의 성품[覺性], 즉 붓다가 되는 성품[佛性]을 가지고 있으며 이러한 본래 갖추고 있는 각성(覺性)에 의지하여 무명을 제거하기만 하면 곧 붓다가 된다는 것이다.

무명(無明)이란 마치 길 가던 사람이 동서남북을 잘못 알고 헤매듯 지·수·화·풍의 네 가지 요소가 임시로 합한 것을 실제 자기 몸이라고 집착하며 보이는 대상·듣는 대상 등 여섯 가지 감각기관의 대상에 의하여 생긴 그림자를 자기의 실제 마음이라고 집착하는 것을 말한다. 바꾸어 말하면 우리의 몸과 대상 따라 오락가락하는 보통의 마음을 실제의 자기라고 집착하는 것이 바로 무명이란 것이다.

이렇게 우리가 실재한다고 집착하는 몸과 마음은 마치 눈병 있는 사람이 허공의 헛꽃을 보는 것과 같이 실재 하지 않는 것을 실재한다고 잘못 분별하여 아는 것이며 이와 같은 뒤바뀐 인식과 생각 때문에 고통의 생사윤회를 하게 된다는 것이다.

그러므로 모든 것이 허공의 꽃이라고 바로 아는 것이 올바른 수행이며 그렇게 바로 알면 윤회전생도 없고 생사도 초월하게 된다.

그런데 모든 사람들이 잘못 알고 집착하는 이러한 환상과 망상 또한 모두 우리가 본래부터 가지고 있는 그 묘한 깨침[覺]의 마음에서 생긴 것이다. 그것은 마치 바다에서 파도가 생기는 것과 같은 것이다.

따라서 수행자는 응당 허망 분별의 상(相)인 모든 환상과 허망한 대상 세계를 멀리 떠나고 버려야 한다. 그리고 이렇게 떠나고 버린다는 생각도 하나의 망상이니 그 떠나고 버린다는 생각마저 버려야 한다. 그리하여 모든 것이 환(幻)이라고 알면 즉시 그것들을 떠나게 되고 더 이상 방편이 필요 없으며[知幻卽離 不作方便] 이렇게 환을 떠나면 그것이 곧 깨침이고 더 이상 점수가 필요치 않다[離幻卽覺 亦無漸次].

허망한 분별과 그 허망한 분별로 생긴 착각과 환상이 소멸하면 본래 갖추고 있는 깨침의 마음이 그대로 드러난다.

2. 유마경의 가르침

유마경은 유마힐이라는 거사가 붓다의 제자들의 질문에 대답하는 형식으로 설한 경이다. 물론 붓다께서 설법하기도 하시지만 대부분의 설법은 유마거사가 한다.

한때 붓다께서 비살리 암라수 성사에 제자들과 힘께 계실 때 보적이라는 장자의 아들이 어떻게 하면 정토를 얻을 수 있느냐고 묻는 것으로 시작된다. 이에 대하여 붓다는, "만일 보살이 정토를 얻기를 바란다면 응당 그 마음을 깨끗이 해야 한다. 그 마음이 깨끗해지면 불토가 깨끗해지니라[若菩薩欲得淨土 當淨其心 隨其心淨 則佛土淨]."라고 대답하신다.

우리가 사는 이 생활 세계는 고통으로 가득하고 악행이 끊이지 않는 예토(穢土), 즉 더러운 땅이다. 그에 비하여 정토(淨土)는 고통도 없고 악행도 없는 깨끗한 낙원을 가리킨다. 그것은 모든 수행자가 바라는 바이고 고해에서 고통받는 모든 사람들이 그리는 이상향이다.

이때 제자 사리불은 세존께서 보살로 계실 때 그 마음이 청정했을 것인데 왜 이 불국토는 깨끗하지 못한가 하고 마음속으로 생각한다. 붓다는 사리불의 마음속의 생각을 아시고 해와 달이 깨끗해도 장님은 그것을 보지 못하듯 중생들도 그들의 지은 죄업과 깨끗하지 못한 마음

때문에 그들이 현재 살고 있는 불국토의 깨끗한 장엄을 보지 못한다고 설하신다.

이때 나계 범왕이 사리불에게 말한다.

"그대의 마음에 높고 낮음이 있으므로 불토의 높은 언덕과 낮은 구렁을 본다. 부처의 지혜[佛慧]에 의지하지 않으므로 이 땅이 부정하다고 보느니라."

불지혜는 평등하여 모든 것을 둘로 나누어 보지 않는 무분별의 지혜[無分別智]이다. 이렇게 모든 것을 시비분별하지 않는 깨끗한 마음을 가질 때 불토의 청정함을 볼 수 있다는 것이다. 바꾸어 말하면 시비분별을 떠나야 이 고통의 생활 세계가 정토인 극락이 된다는 뜻이다.

이때 붓다는 그의 신통력으로 불국토의 청정함을 사리불에게 보이면서 여래의 불토(佛土)는 이와 같이 항상 청정하고 사람들의 마음이 깨끗하면 곧 이 땅이 그대로 정토임을 보게 된다고 말씀하신다. 그리고 깨끗하지 못하고 악으로 가득한 불토를 보이는 것은 하열한 사람들을 제도하기 위함이다.

이 불국품 다음으로 이어지는 제자품, 보살품, 문수사리문질품, 입불이법문품(入不二法門品) 등에서 모든 것을 두 가지로 나누어 보는 것이 허망분별(虛妄分別)로서 실상(實相)을 그릇되게 인식하는 것이므로 그러한 이분적(二分的) 현실 인식을 지양하라고 가르친다.

입불이법문품 가운데는 이런 구절이 있다.

"그러므로 둘 아닌 진리의 문으로 들어가려면 나[我]와 상대[我所]의 두 가지를 버려야 한다. 만약 나를 세우지 않으면 곧 그 상대도 없기 때문이다."

"정도(正道)와 사도(邪道)의 두 가지 분별을 버려야 한다. 정이니 사니 분별하지 않는 것이 정도에 머무는 것이다."

유마거사는 어떻게 하는 것이 둘 아닌 진리의 문에 들어가는 길이냐고 묻는 문수보살의 질문에 묵묵부답 침묵으로 대답한다. 그것은 둘 아닌 절대의 진리는 상대 세계의 언어와 개념으로는 설명할 수 없기 때문이다.

관중생품(觀衆生品)에서 문수사리는 생사(生死)에 두려움이 있을 때 보살은 마땅히 무엇에 의시해야 하는가 하고 묻고 유미힐은 대체로 이렇게 대답한다.

"생사에 두려움이 있을 때는 의당 부처님의 공덕의 힘에 의지해야 한다. 그러려면 모든 중생을 제도하여 고통으로부터 해탈시켜야 한다. 그것은 곧 그들의 번뇌를 제거하는 일이다. 그들의 번뇌를 제거하려면 응당 올바른 마음가짐[當行正念]을 행해야 한다. 그것은 곧 착하지 않은 일을 하지 않는 것이고 착한 일을 끊이지 않게 하는 것이다. 악행은 몸과 마음으로 짓는 것인데 그것은 결국 탐욕에서 생긴다. 그 탐욕은 허망 분별(虛妄分別)에서 생기고 이 허망 분별은 우리의 뒤바뀐 생각과 인식[轉倒想]에서 생긴다. 이 전도된 인식과 생각은 마치 바다에서 파도가 일어나듯 텅빈 허공 같은 우리의 마음에서 생긴다. 아무것에도 머물지 않는 이 텅 빈 마음에서 일체의 현상이 생겨난다."

이 세상을 살아가는 모든 사람들은 살면서 느끼는 불안과 공포와 두려움에서 해방되고 행복하게 살기를 바란다. 그러한 세계를 유마경에서는 정토라고 하였다. 그곳이 바로 삶의 고통도 불안과 공포도 없고 즐거움이 항상 충만한 극락세계요 낙원인 것이다. 그러한 곳에서 살려고 하면 우선 부처님과 부처님의 가르침에 의지하여 자비심을 가지고 함께 고통받는 사람들을 그 고통에서 구원해 주어야 한다. 우리가 이기심을 버리지 않는 한 우리의 고통과 근심 걱정은 끊이질 않기 때문이다. 그리고 그것은 마음을 깨끗하게 하지 않고는 이룰 수 없다. 바꾸어 말하면 낙원에서 살고 싶으면 마음을 깨끗하게 해야 한다. 마음을 깨끗하게 하려면 항상 선(善)을 행하고 악행을 멀리해야 한다.

그렇게 마음을 깨끗하게 하려면 시비분별의 마음을 버려야 한다. 그릇된 인식과 헛된 분별을 버리는 것이 마음을 정화하는 길이다. 그러나 진정으로 분별의 마음을 버리고 자비심을 가지려면 진여의 한 마음[眞如一心]을 깨쳐야 한다. 그 텅 빈 깨침의 마음[圓覺妙心]에서 허망 분별과 전도된 인식이 생겨나는 것을 확실히 알아야 한다. 다시 말하면 우리의 본성을 깨쳐야 그릇된 인식과 헛된 분별이 소멸하고 그것의 뿌리인 아상(我相)이 죽어야 우리의 마음이 깨끗해지고 평등한 자비심이 생겨서 중생을 제도하고 이 세상을 낙원으로 만들 수 있다는 것이 바로 유마경의 가르침이다.

한 가지 주의해야 할 점은 시비분별을 버리는 것과 선을 행하고 악을 멀리하는 것과의 관계이다. 우리가 일반적으로 분별하는 선과 악의 관념은 깨친 사람의 자비심에 근거한 그것과는 다를 수 있다는 것이다. 상대세계에서 내가 생각하는 옳은 것과 내가 생각하는 선은 나와 반대되는 입장에 있는 사람에게는 옳지 않은 것이고 악한 것이 될 수도 있다. 아상(我相)이 완전히 뿌리 뽑히고 전체와 남을 생각하는 진정한 자비심이 자리 잡을 때 그 사람의 언행은 그대로 선이 된다.

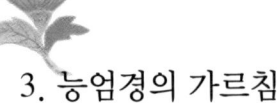

3. 능엄경의 가르침

능엄경은 제자 아난다가 유곽을 하는 마등가의 주술에 걸려 그의 딸에게 몸을 맡기려는 순간 붓다께서 그것을 아시고 다라니 신주를 설하여 그 주술을 풀고 문수사리로 하여금 그곳에 가서 아난다와 마등가를 데리고 붓다의 처소로 오게 한 후 설하신 경이다.

이 능엄경은 우리의 마음에 관한 깊은 분석을 통하여 누구나 다 가지고 있는 마음의 본성을 보게 한 설법이다. 우리 중생들이 고통의 세계에서 벗어나지 못하고 생사유전(生死流轉)을 거듭하는 것은 누구나 항상 가지고 있는 참된 마음을 모르기 때문이라고 한다[皆由不知 常住眞心 性淨明體]. 밝고 깨끗한 마음의 본성을 알지 못하니 헛된 생각을 일으켜 고해에서 헤매게 된다.

시초가 없는 과거부터 사람들이 여러 가지 뒤바뀐 생각과 분별 때문에 고통의 세계에서 벗어나지 못하고 수행을 하여도 깨치지 못하는 것은 크게 두 가지 이유 때문이다.

하나는 우리가 일상생활 속에서 보고 듣고 하는 대상에 따라 생멸하는 보통의 마음을 우리의 진심으로 착각하는 것이다. 이 보통의 마음은 파도처럼 생멸하는 마음으로 모든 현상에 대하여 허망한 분별을 일으키는 마음이다.

다른 하나는 깨침과 니르바나의 마음인 본래 청정한 우리의 본성을 모르는 것이다. 실은 모든 분별하는 마음과 분별의 대상인 현상 모두가 이로부터 생겨난 것인데도 그것을 모르고 그것들을 진실이라 믿고 집착하는 것이다.

모든 현상은 모두 환상[幻化相]에 불과하고 인연 따라 생멸을 거듭하지만 그 근본 성품은 모두 묘한 밝은 깨침[妙覺明体]인 것이다. 그것은 누구나 항상 가지고 있는 불생불멸(不生不滅)인 깨끗한 본심[淸淨本心]이고 본래부터 가지고 있는 깨침[本覺]이다.

그러므로 현상에 집착한 마음을 되돌려 이 본성을 보게 되면[見性] 그것이 곧 깨침이다. 이 본성인 깨침의 마음은 아님과 아닌 것이 아닌 것도 없고[無非不非], 이다 아니다도 없는[無是非是] 무분별의 마음이고 중도의 마음이다.

능엄경은 이와 같이 수행자가 도달해야 할 이정표[見道]를 상세히 설한 다음 실제 수행법[修道]과 수행하다 잘못하여 생길 수 있는 여러 가지 오류들을 상세히 설하고 있다.

능엄경은 25명의 보살들과 성문승들이 견성의 체험담을 말하고 그 중에서 이근원통(耳根圓通)의 체험을 한 관세음보살의 수행법을 아난다와 같은 초심자에게 가장 적합한 수행의 방법으로 권하고 있다.

관세음보살은 귀로 듣는 것을 그 대상인 소리에서 거두어들여 집중 명상으로 몰입하였다. 이 소리와 명상으로의 몰입 모두를 제거하니 소란스러운 움직임과 고요함의 두 가지가 모두 사라져 마음은 더욱 또렷해졌다.

여기에서 점점 더 깊이 들어가니 듣는 주체와 그의 대상인 소리 모두가 완전히 사라졌다. 이 단계에서 흔히 수행자들이 길을 잃고 다시 생사의 세계로 돌아오는데 그는 더 나아가서 이 상태를 아는 그것과 대상인 그 상태 자체까지도 환상이라고 버려 더 이상 존재하지 않게 되고 텅 빈 공(空)의 마음만이 남게 되었다.

그러나 아직도 주(主)와 객(客)의 미세한 분별 즉, 아상(我相)과 법상(法相)이 남게 되고 그것마저 제거하고 나니 생사(生死), 시말(始末), 무명(無明)과 깨침(覺), 범성(凡聖) 등 모든 시비분별이 사라진 불이절대(不二絶對)의 경지에 도달하게 되었다. 이때 열반(Nirvana)과 원각(圓覺)이 나타났다. 이것은 고통으로 가득찬 생활 세계라는 예토에서 점차 수행을 깊게 하여 모든 시비분별을 떠난 절대 불이의 마지막 관문을 통과하여 드디어 견성하고 열반의 경지에 도달하는 과정을 설명한 것이다. 이 경지가 모든 인간이 선악과를 따 먹고 에덴 동산에서 추방되기 전의 낙원이며, 유마경의 첫머리에서 붓다가 신통력으로 사리불에게 보여 주신 정토(淨土)이며, 관무량수경에서 보여 주신 서방의 극락정토인 것이다.

우리 마음의 본성이 바로 열반이요, 깨침이요, 극락이다.

붓다의 가르침에 의하면 우리는 누구나 다 불성을 가지고 있고 우리 마음의 본성은 본래부터 깨끗하며 밝게 깨친 상태라고 한다.

그런데 무슨 이유로 그렇게 밝고 깨쳐 있는 청정한 본래의 마음이 무명(無明)으로 뒤덮여 헤매게 되었는가 하는 것이다.

능엄경은 그것을 비유를 들어 설명하고 있다.

우리가 허공을 오래 보고 있으면 눈이 피로하여 허공에 헛꽃이 보이는 것처럼 본래 청정한 여래장(如來藏)인 한 마음에서 보이는 모든 세계와 중생이 생겨났다고 한다. 나이 든 사람들이 어느 날 갑자기 눈앞에서 머리카락이나 작은 벌레가 오락가락하는 것을 볼 때가 있는데 그것은 실제로 머리카락이나 벌레가 있어서 그렇게 보이는 것이 아니고 눈에 비문증(飛蚊症)이라는 이상이 생겨서 그렇게 보이는 것이다. 능엄경은 눈에 보이는 모든 현상은 마치 고장 난 눈에 보이는 머리카락이나 벌레처럼 실재하지 않는 것이 착각으로 그렇게 보이는 것이라고 한다.

그리고 우리가 이 본래부터 깨끗하고 밝은 깨침의 본성품을 가지고 있으면서 문득 무명(無明)의 상태와 불각(不覺)의 상태에 놓이게 된 것은 우리 마음 스스로 만든 착각 때문이라고 한다. 그것은 마치 어떤 사람이 어떤 마을에서 잠시 동서남북의 방향을 착각하여 길을 잃고 헤매는 것과 같고, 또한 아침에 일어나 문득 거울에 비친 자기 얼굴을 보던 '연약달라'라는 사람이 거울 속에서 보았던 눈과 눈썹이 실제 자기 얼굴에 보이지 않는다고 미쳐 달아나는 것과 같다고 한다. 마을의 동서남북은 본래부터 알고 있었던 것인데 잠시 착각했던 것이고, 거울 속의 얼굴에 있던 눈과 눈썹 또한 본래부터 자기 얼굴에 있는 것이지만 잠시 없다고 착각한 것이다. 이 착각에서 깨어나기만 하면 마을의 방향도 자기의 눈과 눈썹도 모두 본래부터 아무런 하자가 없는 것임을 알게 된다.

이와 같이 깨침의 본성이 혼미해진 것은 스스로 그렇게 되고 그것이 원인이 되어 계속 혼미를 거듭하게 되는 것이기 때문에 따로 원인이 없는 것이다[自諸妄想 展轉相因 從迷積迷 如是迷因 因迷自有]. 그러므로 헛된 착각이 본래 원인이 없고 아무런 근거가 없는 것임을 알면 마치 꿈에서 깨어나듯이 깨침의 마음을 회복하게 된다는 것이다.

대승기신론도 같은 취지의 설명을 하고 있다.

우리의 한 마음은 본래 청정한 깨침의 마음이지만 그것을 모르고 '홀연히' 미(迷)한 생각이 일어났는데 그것이 바로 근본 무명(無明)이라고 한다.

능엄경에서 부처님은, "우리가 본래부터 가지고 있는 깨달음의 본성품은 밝은 마음 그 자체인데[性覺必明] 잘못 착각하여 밝은 마음 그 자체를 밝혀야 할 대상으로 삼았다[妄爲明覺]. 깨달음 그 자체는 스스로 밝은 것이므로 밝혀야 할 대상이 아니건만[覺非所明] 그 밝음으로 인하여 밝혀야 할 대상을 세우고[因明立所] 밝힐 대상이 헛되게 섰으므로 중생들의 착각하는 마음의 모든 작용이 생긴 것이다[所旣妄立 生汝妄能]." 라고 설명하면서 이로부터 보는 자와 보이는 대상, 나와 너 등의 상대가 생기고 모든 시비분별과 분별에 의한 차별상(差別相)이 생겨났다고 한다. 그리하여 있다[有] 없다[無], 같다[同] 다르다[異] 하고 모든 것을 두 가지로 나누어서 분별하고 인식하는 버릇이 생기고 그것이 마치 하늘에 낀 구름이 밝은 해를 가리듯 우리의 깨침의 한 마음을 가리고 있는 무명이라고 한다.

본래 밝은 해는 밝게 할 대상이 아닌 것처럼 우리의 진여의 마음도 본래부터 밝게 깨쳐 있는 마음이기 때문에 근거 없이 가리고 있는 구름만 제거하면 밝은 해가 드러나듯 깨침이 그대로 드러난다고 한다.

깨침의 한 마음에서 불현듯 인식의 주체(主體)와 대상이 갈라져 나오는 것은 우리 심층의 마음인 제8 아뢰야식에서 보는 자[見分]와 보이는 자[相分]가 갈라져 나오는 것과 같다. 아뢰야식은 자기 스스로 아는 능력을 가지고 있는데 이것이 자기 스스로를 보면서 보는 대상[相分]이 따로 존재한다고 착각한다. 그러므로 유식학(唯識學)에 의하면 우리가 수행을 깊게 하여 이와 같이 둘로 나누어 보는 잘못된 분별의 습성을 버리고 분별하지 않는 지혜[無分別智]를 회복하게 되면 깨침의 마음이 드러난다고 한다.

구약성서는 본래 깨끗한 인간의 마음이 시비분별하는 마음으로 오염된 것은 '뱀의 유혹'에 넘어가서 금단의 '선악과'를 따 먹었기 때문이라고 암시한다. 그때부터 인간은 선과 악으로 모든 것을 시비분별하게 되었고 그것이 인간이 낙원에서 쫓겨나게 된 이유라는 것이다. 그 시비분별만 버리면 잃어버린 낙원으로 다시 돌아갈 수 있다는 것을 암시하고 있다.

4. 능가경의 가르침

　능가경은 중국에 선불교를 전한 달마대사가 인도에서 중국에 올 때 가지고 온 유일한 불교의 경전이라 한다. 난삽하기로 유명한 능가경은 어느 때 붓다께서 큰 바닷가 마라야산 위에 있는 능가성 중에 큰 비구 및 보살들과 함께 계실 때 라바나왕을 위하여 하신 설법이다.
　우선 붓다께서는 신통력으로 한량없는 보배산을 만들고 하나하나의 산 위에 부처님이 나타나고 부처님 앞에는 라바나왕과 그 권속이 있음을 보여 주었다. 그 하나하나의 산 위에 있는 모든 광경이 실제의 능가성과 다름이 없고 그 가운데서 대혜보살이 붓다께 스스로 깨달으신 불지혜의 경계를 보여 주실 것을 청하고 그에 응하여 붓다께서 설법을 하신 후 모든 보살과 함께 공중에 숨어서 나타나지 않았다.
　그와 함께 라바나왕 자신만이 자신의 궁에 남아 있음을 보고 조금 전까지 보았던 국토와 붓다와 보배산과 기타 모든 것은 다 꿈속에서 본 것 같고, 눈병 난 사람이 본 것 같고, 아지랑이 같고, 꿈속에서 석녀(石女)가 자식을 낳은 것 같고, 아이들이 돌리는 불 바퀴 같음을 알게 되었다.
　라바나왕은, '일체 모든 것은 모두 이와 같이 오직 제 마음이 분별한 것이지만 범부 중생들이 미혹하여 그것을 모르고 있다. 분별을 일으키지 아니하면 곧 부처를 보리라' 하고 생각한다. 이때 능가왕은 깨침이 열려 마음의 더러움을 떠나 모든 것이 오직 제 마음임을 깨닫고 분별 없는 경지에 머물렀다[尋卽開悟 離諸雜染 證唯自心 住無分別].

우리가 보는 세상의 모든 현상은 마치 마술사가 마술로 만든 것 같고 꿈속에서 보는 것과 같고 그것은 결국 우리들의 마음이 스스로 헛되이 분별한 상(相)일 뿐이라는 것이다. 그것을 모르고 미혹한 중생들은 나와 너, 있다와 없다 두 가지로 나누어 분별하고 그렇게 분별한 관념의 상에 집착하여 모든 고통을 받는다는 것이다. 그러므로 모든 것은 마음 이외에 아무것도 없다고 분명히 알 때 헛된 분별은 더 이상 일어나지 않는다.

다음과 같은 인용문에서 우리는 능가경의 가르침의 핵심을 어느 정도 이해할 수 있다.

"세상의 모든 것은 꿈 같고 마술로 만든 것 같다."

"범인은 이것을 모르고 분별에 의지하고 그에 집착한다."

"분별로 보는 세상은 거울에 비친 자신의 영상을 보는 것과 같고 물에 비친 달을 보는 것 같고 골짜기에 울리는 산울림을 듣는 것 같다."

"범부는 세계가 마음인 것을 모르고 외부의 대상에 집착하며 유(有)와 무(無)의 관념에 집착한다."

"아는 자와 앎, 유(有)와 무(無)의 두 가지 분별을 초월하는 것이 곧 열반이다."

"분별심의 작용 때문에 그릇된 인식이 생기고 객관 세계가 전개되고 아상(我相)이 자리 잡는다. 분별심을 제거하면 그릇된 인식이 소멸하여 모든 마음의 그릇된 작용이 멈추고 제8 아뢰야식만이 남는다. 그리고 이 아뢰야식의 습기를 제거하면 성스러운 지혜를 얻게 된다."

우리들의 심층의 마음인 제8 아뢰야식에서 근본적인 정화가 일어나서 거울 같은 성스러운 지혜를 증득하려면 ① 일체가 오직 마음이 나타난 것임을 알고 ② 헛된 분별의 습관 때문에 그것을 집착한다고 알고 ③ 일체의 현상은 뜬구름 같고 물에 비친 달과 같고 신기루 같고 꿈과 같다고 알아야 한다. ④ 우리 마음의 본성은 분별과 무관하여 그것을 초월해 있음을 알고 ⑤ 그러므로 분별과 망상을 버리고 마음의 본성을 보는 수행을 하면 성스러운 지혜를 증득할 수 있다. ⑥ 이렇게 우리의 본성을 보고 불지혜를 증득하면 불신(佛身)을 얻게 된다. 여기에서 불신이란 법신(法身)을 말하고 법신이란 궁극적인 진리 그 자체를 가리킨다. 진리를 깨쳐 부처의 몸을 얻는 것이 곧 성불하는 것이다.

5. 금강경의 가르침

금강경은 중국과 한국의 선불교에서 소의경전(所衣經典)으로 삼고 있으므로 가장 많이 읽히는 경전의 하나이다. 금강경은 제자 수보리가 붓다께 무상의 깨침을 얻고자 하는 수행자는 그 마음을 어떻게 가지고 어떻게 항복받아야 하겠습니까 하는 질문으로 시작된다. 붓다는 그 질문에 대하여 모든 중생을 다 남음 없는 니르바나에 들도록 고통에서 구원하고 깨치게 해야 한다고 대답하신다. 금강경은 자비심이란 말은 한마디도 사용하지 않지만 첫 대목에서 수행자는 자기를 버리고 남을 구원하는 자비의 마음을 가져야 한다고 설한다.

그러나 수행자인 보살은 남[衆生]을 구원했다는 생각, '나'라는 생각[我相]을 가지면 진정한 보살이라고 할 수 없다. 그러므로 아상(我相), 인상(人相), 중생상(衆生相), 수자상(壽者相)을 모두 버려야 한다.

"내[我相]가 저 인간을 구했지."

"인간[人相]이 자연을 정복하였지."

"내가 저것들[衆生相]에게 돈을 주었지[布施相]."

"내가 저 동물과 식물들[壽者相]을 살리고 보호하였지." 하는 것들은 모두 버려야 할 상(相)이다.

우리의 마음을 오염시키는 나[我]와 남[他]의 상(相)을 비롯한 모든 상은 진실된 실상이 아니고 헛된 상으로서 그에 집착하면 우리에게 크나큰 고통을 준다. 그러므로 깨끗이 버려야 한다. 금강경은, 모든 상은 다 허망하므로 그러한 상이 실상이 아님을 알면 곧 깨친 사람이다[凡所有相 皆是虛妄 若見諸相非相 卽見如來]."고 설한다.

'까마귀는 흉한 새' 라는 상은 진실된 실상이 아니다. 까마귀가 본질적으로 흉한 것이라면 다른 나라 사람도 그렇게 보아야 하는데 다른 나라 사람은 우리나라 사람처럼 '까마귀는 흉한 새' 라고 보지 않는다. 까마귀의 본성은 비어[空] 있으므로 흉하다는 것은 우리 마음이 그릇되게 인식한 것일 뿐이다. '까마귀가 흉한 새' 라는 상에 집착하는 사람들은 까마귀를 보게 되면 하루 종일 불안해 하고 재수 없다고 생각한다. 그리하여 까마귀를 멀리 쫓아버리고 심지어는 죽이기까지 한다. 그리고 '저 여자는 마녀다' 라는 상 때문에 중세 유럽에서 얼마나 많은 죄없는 여성들이 죽임을 당했는가를 생각해 보면 상(相)을 왜 버려야 하는지 알 수 있을 것이다.

이 상대 세계에 살고 있는 사람들은 모두 상(相)의 병에 걸려 있다. 그것을 고치기 전에는 고통으로부터의 해탈도 깨침도 얻을 수 없다.

그러므로 금강경은 모든 상을 떠나면 곧 부처라고 한다[離一切相 卽名諸佛]. 이렇게 상을 떠나서 어떠한 상에도 머물지 않는 것을 무주심(無住心)이라 부른다. 보시라는 상에 머물지 않는 보시가 진정한 보시이고 그것을 상에 머물지 않는 보시[無住相 布施]라 부른다.

상을 다 비운 마음, 머무는 바가 없는 마음이 곧 텅빈 절대 공(空)의 마음이고 우리의 본성이다.

중국 선불교의 육조(六祖) 혜능 선사는, "머무는 바 없이 마음을 내라[應無所住 而生其心]."는 한 구절을 듣고 견성(見性)하였다고 한다. 꼭 가부좌를 하고 화두를 들고 몇 년씩 용맹 정진해야 견성을 하는 것이 아님을 보여 주는 일화이다.

경을 읽다 한 구절에 마음이 열려 견성할 수도 있고 다리를 건너다 물에 비친 자신의 모습을 보는 순간 깨친 경우도 있다.

이처럼 금강경은 아상(我相)·보시의 상·중생상·보살상·깨침의 상·법상(法相) 등 수행자가 가질 수 있는 모든 상을 헛된 것이므로 모두 버리라고 한다. 우리 중생이 이 상대 세계에서 만들어 쓰고 있는 모든 관념의 상은 마치 꿈과 같고, 환영 같고, 물거품 같고, 그림자 같고, 이슬 같고, 번갯불 같아 실체가 없고 오직 우리의 분별하는 마음이 만들어낸 허상에 불과하다고 한다. 그러니 그러한 헛된 것[虛相]에 집착하여 서로 싸우고 고통받고 두려워하고 울고불고할 필요가 어디 있겠는가.

이렇게 모든 것을 비워 나가는 것이 수행이요, 비우라는 것 이외에 일정한 가르친 바가 없으니 금강경에서 붓다는 정해진 법을 깨친 바도 없고 설한 바도 없다고 한다. 정해진 것이 없으니 모든 것이 불법이다[說一切法 皆是佛法]라고 설한다. 절대 고수의 검술도 정해진 것이 없고 달인의 김치 담그는 법도 정해진 바가 없다.

검술교범이나 요리책은 하수나 초심자를 위한 것이다. 절대 고수나 최고의 달인이 되려면 그렇게 정해진 검법이나 요리법에 얽매어서는 안되고 그것들을 초월해야 한다.

마찬가지로 불법이란 궁극적인 진리도 정해진 것이 없다. 정(定)한다는 것은 한정한다는 것인데 '무엇'이라고 정하게 되면 이미 그것과 상대(相對)되는 것이 생긴다. 만일 상대가 있으면 그것은 이미 절대궁극의 진리는 아니다. 그러므로 둘이 아닌 절대[不二絕對]의 진리를 불법의 궁극적 진리라고 하는 것이다.

우리가 쓰는 상(相)은 모두 상대의 상이므로 궁극적 진리가 될 수 없다. 그러므로 궁극적 진리를 추구하는 수행자에게 있어서 모든 분별의 상은 피하고 버려야 할 독(毒)이라 할 수 있다. 우리의 마음에서 모든 상(相)을 다 비우고 어떤 상에도 머물지 않는 마음[無住心]이 곧 절대 공(空)의 마음이고 그것이 곧 우리의 본성이다. 그 절대 공의 마음은 능엄경에서 관세음보살이 말한 것처럼 모든 시비분별을 떠난 마음이요, 모든 생각과 번뇌가 소멸한 니르바나의 마음이요, 깨달음의 마음이요, 나와 남이 없는 불이(不二) 중도의 마음이요, 기쁨이 충만한 정토요, 극락의 전당[極樂殿]이다.

6. 그 외 경전의 가르침

"중생의 불성은 하나도 아니고 둘도 아니다[不一不二]. 모든 부처와 평등하여 마치 허공과 같다. 일체 중생에 다 이것이 있다."

(열반경 성품행)

"여래의 열반은 유(有)도 아니요 무(無)도 아니다. 상(相)도 아니요 상 아님도 아니다. 대립도 아니요 대립 아님도 아니다. 상(常)도 아니요 상아님도 아니다."

(열반경 광명변조고귀덕왕보살품)

"일체 중생이 누구나 불성(佛性)이 있건만 번뇌에 덮인 까닭에 보지 못한다."

(열반경 사자후보살품)

"아난다여, 자기를 근거로 하고 자기를 의지처로 하여 남을 의지하지 말 것이며 법을 근거로 하고 법을 의지처로 하여 다른 것을 의지하지 말라."

(열반경)

"만일 아(我)가 항상 있는 것이라면 고(苦)를 여의지 못하고 만약 내가 없다[無我]면 청정한 수행을 하여도 이익이 없으리라. 모든 것에 내가 없다고 말하면 그것은 단견(斷見)이요 내가 있다고 말하면 그것은 상견(常見)이다. ……

불법의 중도(中道)는 이 두 가지 극단[二邊]을 초월하여 진리를 말하는 것이니라. 범부는 둘을 세우나 지혜로운 이는 그 성품이 둘이 없고[無二] 둘 없는 성품이 곧 실성(實性)임을 아느니라. 아(我)와 무아(無我)는 그 성품이 둘이 아니니 여래의 비밀한 진리의 뜻이 이와 같으니라."

(열반경 여래성품)

"깨달은 이는 모든 법을 분명히 아나니 둘 없고 둘 여의어 모두 평등해 제 성품 청정하기 허공과 같아 나와 나 아닌 것을 분별치 않네."

(화엄경 여래출현품)

"해탈의 지혜에 안주하기 위해서는 모든 존재를 있는 그대로 깨닫는 도리밖에 없다. 모든 존재를 있는 그대로 깨닫기 위해서는 동요하는 일도 없고 생기는 일도 없는 지혜에 도달하는 도리밖에 없다."

(화엄경 십지품)

"중생들은 허망하기 때문에 세계라 부처라 분별하지만 진실한 법을 깨달으면 부처도 없거니와 세계도 없네."

(화엄경 도솔천궁보살운집찬불품)

"세상의 온갖 미혹의 상태는 모두 아집(我執)에서 나왔다. 그러므로 아집을 없애면 미혹은 사라진다. 마음이 어리석은 사람은 번뇌에 뒤덮여 윤회를 하게 된다. 먼저 그 마음에서 주관(主觀)·객관(客觀)이 생기고 그것에 이어 여러 감각 기관의 작용이 일어난다.

감수(感受) 작용에서 애욕이 일어나고 집착이 생긴다. 그리고 모든 슬픔과 괴로움과 근심이 생기게 되는 것이다."

(화엄경 십지품)

""부처님의 지혜는 모든 중생의 몸 속에 갖추어져 있다. 어리석은 중생들은 바르지 못한 생각에 가려 알지 못하고 보지 못하여 믿음을 내지 못하는 것뿐이다."

(화엄경 여래출현품)

"중생과 세계 모든 부처님과 불법이 모두 허깨비 같으니 법계에는 두 가지가 없네."

(화엄경 보현보살행품)

"일체 중생의 생멸(生滅)인 태어나고 늙고 병들어 죽음과 근심·슬픔·고통·괴로움은 모두 덧없이 머무르나니 허망한 분별로 일어나는 것이기 때문이네."

(화엄경 입법계품)

이 삼계(三界)에 속하는 것은 모두 마음만으로 이루어졌다."

(화엄경 십지품)

"밝게 비추고 빛나는 이 마음은 결코 없어지지 않고 또 사람들의 생각과 감정에 의해 물들지 않는다. 이 마음의 자유자재한 밝음을 보려고 하면 마음을 닦아서 그 마음이 모든 집착으로부터 벗어나 자유롭게 되도록 잘 지켜야 한다."

(앙구타라경)

"법을 보는 자는 나를 보고 나를 보는 자는 법을 본다."

(상응부 박카리경)

"캇챠야나여, '일체는 유(有)다' 하는 주장은 하나의 극단이다. '일체는 무(無)다' 하는 주장은 다른 하나의 극단이다. 여래는 이 두 가지 극단을 버리고 중도(中道)에 의하여 법을 설한다."

(아함경 캇챠야나 곳타)

"어떤 사람들이 진리라고 말하는 것을 다른 사람들은 진리가 아니라고 주장한다. 이렇게 고집하여 논쟁을 일삼는다. 왜 사색하는 사람들의 말하는 바가 서로 일치하지 않는 것인가."

(숫타니파타)

"거룩한 수행자는 무명과 욕심을 멀리 떠나 밝음을 견지하기 때문에 '나는 있는 것도 아니요, 없는 것도 아니며, 있기도 하고 없기도 한 것도 아니요, 있기도 하고 없기도 한 것 두 가지도 아니다.' 고 생각한다."

(아함경 분별경)

"만일 마음으로 마음을 관하면 모든 차별과 분별을 타파하고 성불한다. 하늘에 떠다니는 구름이 뿌리도 집도 없듯이 마음속을 오락가락하는 분별의 생각도 그러하다. 자기의 본성을 보면 모든 분별이 사라지고 멈춘다."

(띨로빠 마하무드라의 노래)

"마음의 강력한 빛이 한 순간 번쩍 하는 사이에 무명의 베일을 태워버린다."

(띨로빠 마하무드라의 노래)

"부처를 찾고자 하면 너의 본성을 보라. 누구든 본성을 보는 사람이 곧 부처이니라."

(달마대사 혈맥론)

"견성하면 곧 부처요, 견성하지 못하면 곧 중생이다."

(달마대사 혈맥론)

"본성을 보는 것이 선(禪)이요, 본성을 보지 못하면 선이 아니다[見本性爲禪 若不見本性 卽非禪也]."

(달마대사 혈맥론)

"[범부와 이승(二乘) 성인들이] 다들 아직 불성을 볼 수 없는데 그것은 일체의 분별에서 아직 벗어날 수 없기 때문이다[齊未能見 以未能離 一切分別]."

(열반경 종요)

"불성의 실체는 바로 한마음[一心]이며 한마음의 본성은 모든 극단에서 멀리 떠나 있다[佛性之體 正是一心 一心之性 遠離諸邊]."

(열반경 종요)

"여래는 둘 없는 본성에 통달하고 있다. 유위와 생사를 버리지 않고 생사와 열반을 다르게 보지 않기 때문이다[如來通達無二之性 不捨有爲生死 以不見生死異涅槃故]."

(열반경 종요)

"그래서 마침내 요란한 사생(四生)의 무리로 하여금 둘도 없는 실다운 자성으로 모두 돌아가게 하고 어둡고 기나긴 잠에서 깨어나 큰 깨달음인 지극한 과위(果位)로 다 함께 도달하게 한다."

(열반경 종요)

"모든 선악은 자기 자신의 마음에서 나온다."

(달마대사 혈맥론)

"부처가 되는 것은 무분별지가 드러난 결과이다[佛果 是無分別智所顯]."

(열반경 종요)

"우리 마음의 본성은 모든 것을 밝게 아는 마음이다. 그 밝음이 너무 강렬하여 스스로의 본성을 알지 못하고 혼란에 빠진다. 이 혼란스러운 마음이 인식 주체인 '나'와 그 대상인 '남[他]'으로 나누어 분별하게 된다. 이렇게 하여 두 가지로 나누어 보는 시비분별이 우리 마음을 지배하게 되고 계속 업을 짓게 된다."

(촉첸 폰롭, 돈오)

"일체의 현상은 오직 헛된 생각에 의하여 차별이 있게 된다[一切諸法 唯依妄念 而有差別]. 만일 헛된 생각만 떠나면 모든 현상은 없어진다."

(대승기신론)

"진여와 하나임을 모르기 때문에 불각(不覺)의 마음이 일어나고 불각의 생각들이 생긴다."

(대승기신론)

"이 마음은 본래 그 성품이 청정하지만 무명에 오염되었기에 청정한 그 마음이 더러워졌다. 마음의 본성은 항상 생각을 초월해 있다. 그러므로 변하지 않는다. 현상의 실상을 아직 요달하지 못한 까닭에 마음이 진여(眞如)와 하나임을 모르고 홀연히 미(迷)한 생각이 일어난다. 그것을 무명(無明)이라 한다."

(대승기신론)

"눈으로 보는 바가 없으니 분별할 것이 없고[目無所見 無分別]
귀로 소리 없는 소리 들으니 시비가 끊어지네[耳聽無聲 絶是非].
시비분별 모두 놓아 버리고[分別是非 都放下]
다만 자기 마음의 부처를 보고 그에 귀의하네[但看心佛 自歸依]."

(부설거사 게송)

본문 2
주요 용어 해설

게송(偈頌 gatha)

경전의 내용을 짧은 시구(詩句)로 표현한 것. 금강경에 사구게(四句偈)가 많이 등장하는데 범소유상 개시허망(凡所有相 皆是虛妄), 즉 모든 형상은 무도 실(實)이 없이 허망하다는 뜻의 사구게가 한 가지 예이다.

견성(見性)

우리 마음의 본성을 보고 깨치는 것을 말한다. 달마대사는 견성하는 것이 선(禪)이라고 한다.

경행(經行)

걷기 명상. 걷는 모든 동작을 깨어 있는 집중된 마음으로 관하며 걷는 수행.

공(空 sunyata)

사람과 사물은 영원히 변치 않는 독립적이며 고정된 실체가 없다는 뜻이다. "집이 비었다."고 할 때 그 집에 사람이 없다는 뜻이다. 사람은 없지만 집안에 가구도 있고 보석도 있을 수 있다. 마찬가지로 공이란 개념도 고정불변의 아(我)가 없다는 뜻으로 많이 사용한다. 모든 현상은 서로 연기(緣起)되어 생겼다 소멸한다. 이와 같이 연기로 생겨나는 모든 현상은 그 본성이 비어 있다. 우리의 마음을 비롯한 모든 현상은 그 본질적 성격이 공이다. 우리 마음에서 모든 번뇌와 생각, 모든 상(相)을 다 비우면 공을 터득한다. 우리의 마음에서 인식하는 '나'라는 생각 인식 대상이란 생각 그리고 대상에 대한 모든 분별의 상(相)을 다 비우고 공이란 생각까지 비우는 것을 대공(大空), 또는 제일의공(第一義空)이라고 부른다.

관수행(觀修行)

지관법(止觀法) 가운데 관의 수행을 말한다. 지의 수행은 마음을 고요히 한 곳에 집중하는 참선법이고 관의 수행은 그렇게 집중되고 깨어 있는 마음으로 몸·느낌·생각 등을 관(觀)하는 수행이다.

근본무명(根本無明)

근본적으로 깨치지 못한[不覺] 것을 가리킨다. 모든 현상이 있는 그대로 하나의 진리인 것을 모르기 때문에 현상에 대하여 '나'와 '너', '이다'와 '아니다' 하고 허망한 분별을 하게 된다. 그것을 무명이라 한다.

다섯 가지 욕망[五欲]

재욕(財欲)·식욕·명예욕·수면욕·색욕(色欲)의 다섯 가지 욕망.

도솔천(Tusita deva)

욕심의 세계[欲界]의 여섯 하늘[六天]의 하나. 여기에서 미륵보살이 하생(下生)하여 성불할 때를 기다리고 있다고 함. 이곳의 하루는 인간계의 400년에 해당한다.

돈오(頓悟)

점차적인 과정을 거쳐 마음을 닦고 깨치는 점수(漸修)에 대하여 그러한 점진적인 과정을 거치지 않고 어느 한 순간 단박에 직접 깨치는 것을 돈오라고 한다. 8세기경 중국에서 돈오를 주장하는 남종선(南宗禪)과 점수를 주장하는 신수 계통의 북종선(北宗禪) 간의 논쟁의 결과로 생겨났다. 당시 중국·한국·일본에서는 점수보다는 돈오가 수행의 주류를 이루었다.

마하무드라(Mahamudra)
대인(大印)을 마하무드라라고 하는데 마음의 본성을 직접 깨치는 높은 수행법.

만트라(眞言 mantra)
붓다나 깨친 보살의 위신력을 가진 진리의 문구로서 진언이라 한다. 다라니도 진언의 일종인데 진언보다는 긴 문장으로 되어 있다.

명행족(明行足)
붓다의 열 가지 호칭의 하나. 불법의 진리를 다 잘 알고 그대로 실천하는 분.

무분별지(無分別智)
사물을 분별하지 않고 있는 그대로 보는 지혜를 말한다. 둘이 아닌 지혜[無二智]와 둘 아닌 본성[無二之性]도 같은 뜻이다.
있다·없다, 이다·아니다처럼 두 가지로 나누어 분별하지 않고 사물을 있는 그대로 보는 지혜이다.

무상사(無上士)
붓다의 열 가지 호칭의 하나로 더 없이 높은 분이라는 뜻.

반야의 지혜(prajna)
사물의 진실한 모습을 그대로 아는 지혜. 사물이 본래 공(空)함을 아는 지혜.

방편설(方便說 Upaya-Kausalya)
붓다께서 무명과 탐욕에 사로 잡혀 있는 사람들을 해탈의 길로 인도하기 위하여 편의상 사용하는 설법을 말한다. 때로는 사실과 다른 말을 사용할 수도 있으나 그러한 방편을 쓰는 것은 오직 고통받는 중생을 구제하기 위한 큰 자비심 때문이다.

법화삼매(法華三昧)
법화경에서 설한 대로 수행하여 얻는 삼매.
법화경을 받아 지니고 독송하고 겸하여 지관의 참선법을 행하여 모든 현상의 참 모습을 깨치는 것.

보살
대승의 수행자를 보살이라 부른다. 보살은 소승의 수행자와는 달리 모든 고통받는 사람들을 구제하고 모두 열반을 얻게 하기 위하여 깨치고자 하는 수행자이다.

보살마하살(Bodhisattva Mahasattva)
수행이 높은 단계의 보살을 부르는 경칭.

보살승(菩薩乘 Bodhisattvayana)
성문승과 연각승이 소승인 데 비하여 보살승은 많은 고통받는 사람들을 구제하기 위한 마음으로 수행하는 대승의 수행자를 가리킨다.

본불(本佛)
법화경의 내용을 본불의 가르침인 본문(本門)과 역사적인 붓다의 가르침인 적문(迹門)으로 크게 나누는데 본문은 절대적이며 궁극적인 차원의 가르침이고 적문은 역사적이며 상대적 차원의 가르침을 말한다. 2,500여 년 전 인도에서 탄생하여 80여 세에 열반하신 석가모니 붓다는 역사적 차원의 부처이며 그러한 역사적 차원의 붓다를 적불(迹佛)이라고 한다. 그에 비하여 시공을 초월한 절대적인 차원의 붓다를 본불(本佛)이라고 한다. 따라서 본불은 그 수명이 영원하여 상주불멸(常住不滅)이다. 본불은 화신불의 본체인 법신불이다.

본화보살
법화경의 홍법 임무를 띠고 본문에 등장하는 보살들.

분신불(分身佛)
붓다가 중생 교화를 위하여 여러 부처의 모습으로 나툰 것.

불국토(佛國土)
붓다가 계시어 교화하는 국토.

불세존(佛世尊)
붓다의 열 가지 호칭의 하나. 깨친 분으로서 세상에서 가장 존귀한 분이란 뜻.

불지견(佛知見)
범부·중생의 식견(識見)에 대하여 깨친 사람인 붓다의 지혜를 말한다.

사바세계(娑婆世界)
우리가 살고 있는 고통의 세계. 일명 참고 사는 세계[忍界]라고 부른다.

삼계(三界 triloka)

중생이 나고 죽고 또 환생하는 생사유전의 세계로서 욕계(欲界), 색계(色界), 그리고 무색계(無色界)를 말한다. 욕계는 탐욕이 지배하는 세계이고 색계는 탐욕은 없지만 미묘한 형체가 있는 세계이며 무색계는 욕(欲)과 색(色)이 모두 없는 정신적 존재의 세계라고 한다. 이러한 세계에 접하는 길은 두 가지인데 하나는 자기가 지은 업(業)에 따라 탄생하는 것이고 다른 하나는 선정삼매(禪定三昧)를 통하여 접하는 길이다.

법화경의 삼계화택의 비유는 이러한 중생의 세계가 마치 불타고 있는 집과 같다는 것이다.

삼독심(三毒心)

우리의 깨끗한 마음을 해치는 세 가지의 독과 같은 번뇌의 마음을 말하는데 탐욕의 마음[貪], 분노하고 미워하는 마음[瞋], 진리를 모르는 미혹한 마음[癡]이 그것이다.

상(相 nimitta)

우리가 인식할 때 그 대상의 색깔이나 모양과 같은 특징을 통하여 인식한다. 그 인식 대상의 특징을 상이라고 한다. '불' 하면 뜨겁고 무엇을 태우는 특징이 있다. 그러므로 불이라는 상은 그러한 특징을 연상시킨다. 이와 같이 우리 인식의 기초가 되는 상은 사물의 진실된 모습이 아니기 때문에 우리로 하여금 그릇된 인식을 하게 한다. 우리들은 보통 사물의 겉모습만 보고 그에 집착하여 많은 고통을 받는다. 우리가 일상생활에서 편의상 어떤 특징에 초점을 맞추어 만들어 낸 이러한 개념들은 진실이 아니므로 그에 집착하지 말고 초월하라고 가르친다. 금강경에서는, "모든 상은 다 허망하다."고 하며, "모든 상이 진실된 상이 아님을 알면 여래를 본다."고 설하고 있다.

그리하여 무량의경은 무상(無相), 즉 상이 없음이 진실된 모습(實相)이라고 한다. 그것은 모든 분별의 상을 초월하는 중도실상을 말한다.

법화경에서 사리불 등 붓다의 제자들이 공(空)·무상(無相)·무작(無作) 만을 알고 모든 것을 다 알았다고 생각했다는 구절이 나오는데 이 세 가지가 바로 해탈에 이르는 세 가지 문(門)이라고 한다. 여기에서 무작이란 무원(無願)이라고도 하는데 우리가 본래 완전하기 때문에 무엇이 되려고 더 이상 작위(作爲)를 할 필요가 없다는 뜻이다. 우리는 누구나 다 부처의 자질을 본래부터 갖추고 있으니 무엇을 더 바라고 더 보탤 것이 없다는 것이다. 장미꽃은 장미꽃 그대로 완전하다. 그러므로 장미꽃이 되려고 더 무엇을 보태고 할 필요가 없다는 것과 같은 이치이다. 이와 같이 수행자가 본래 부처의 자질을 갖추고 있는 완전한 존재요, 자신과 대상 모두가 본래 비어 있음을 알아 아상(我相) 등 자신과 사물에 관한 그릇된 상을 모두 제거하면 모든 집착과 고통에서 해탈한다고 본 것이다.

선불교(禪佛敎)

선종(禪宗)의 가르침을 선불교라 한다.

선서(善逝)

붓다의 열 가지 호칭의 하나. 모든 번뇌 망상을 다 떠난 분.

선정(禪定)

선수행을 하여 모든 생각을 멈추고 마음이 깨어 있는 깊은 집중의 상태에 있는 것을 선정이라 한다.

선종(禪宗)

부처님의 가르침 가운데 경(經)에 주로 의존하는 것을 교종(敎宗)이라 하고 그러한 교설 밖에 따로 전한 것[敎外別傳]이 있다고 하여 그것을 선종이라 한다. 선종은 경전보다는 참선을 통하여 마음의 본성을 보고[見性] 깨치는 것을 강조한다. 석가모니 붓다로부터 정법을 유촉받은 마하가섭으로부터 28조인 달마대사가 중국에 선종을 전하여 2조 혜가에 이어지고 6조 혜능을 통하여 많은 제자들이 그 맥을 이어갔다. 임제종·조동종·법안종 등 이른바 오가칠종(五家七宗)으로 빈성하고 그것이 우리나라의 조계종과 일본의 임제종 및 조동종으로 전파되었다.

성문승(聲聞乘 shravakayana)

부처님의 설법을 듣고 수행하는 소승의 수행자들을 말한다. 그들은 사성제(四聖諦)와 중도(中道)의 가르침을 듣고 지관의 수행을 하여 모든 번뇌를 끊고 아라한의 지위를 얻는다.

세간해(世間解)

붓다의 열 가지 호칭의 하나. 일체 세간의 모든 일을 다 아시는 분.

소승(Hinayana)

대승(Mahayana)의 수행자들이 그 이전의 수행자들을 비하하여 부른 명칭이다. 소승이란 작은 수레란 뜻으로서 수행자들이 오직 자신만의 해탈에 관심을 두고 있는 점을 비판하여 그렇게 부른다. 그에 비하여 큰 수레란 뜻인 대승의 수행자들은 자기뿐만 아니라 고통받고 있는 다른 사람들을 구제하기 위하여 수행하는 사람들이다. 대승 운동은 소승의 단점을 개혁하기 위하여 등장한 것이다.

수미산(sumeru)
불경에서 묘사하고 있는 세계의 중앙에 있는 제일 높은 산.

시비분별(是非分別)
우리가 사람과 사물을 이다[是]·아니다[非] 등 두 가지 상대로 나누어 인식하는 것을 가리킨다. 그렇게 인식하는 것은 상대적인 입장에서 보면 맞지만 절대적인 입장에서 보면 그릇된 것이다. 우리가 느끼고 인지하고 생각하고 할 때 보고듣고 하는 다섯 가지 감각기관을 통하여 인지하는데 이것을 불교에서는 전5식(前五識)이라고 한다. 그렇게 다섯 가지 식을 통하여 인지하는 것을 토대로 생각하고 분별하는 것을 제6식(第六識)이라 한다. 그 밑에 있는 것이 '나'라는 의식의 기초가 되고 사량분별하는 제7식(第七識 : 마나스식)이다. 이와 같이 인식하는 우리 마음의 가장 심층에 있는 것을 제8식(第八識 : 아뢰야식 또는 장식)이라 부르는데 일반적 용어로는 무의식에 해당한다고 볼 수 있다. 제6식과 제7식이 시비분별하는 데 있어서 주도적 역할을 하는 식(識)이다. 수행을 깊게 하면 이러한 시비분별 의식이 모두 탈바꿈하여 분별하지 않는 지혜[無分別智]가 된다.

실상(實相)
모든 현상의 진실된 모습을 말한다. 그것은 사물의 절대궁극의 진실을 의미한다. 생활 세계에서는 일반적으로 사물을 인식할 때 '이다[是]' '아니다

[非]' 또는 '있다[有]' '없다[無]' 하고 두 가지로 나누어 분별한다. 이렇게 사물을 두 가지의 어떤 하나로 인식하는 것은 진실이 아니라는 것이다. "이 칼국수는 맛있다."고 할 때 상대적인 의미로는 맞는 말이지만 절대적인 의미로는 맞는 말이 아니다. 그 칼국수를 다른 사람은 맛이 없다고 하기 때문이다. 그리하여 그 어느 한 가지로 사물을 인식하고 판단하는 것을 붓다는 모두 변견(邊見) 즉 한쪽으로 치우친 견해라고 하고 그것이 진실이 아니므로 버리라고 한다. 반대로 그와 다른 것도 마찬가지로 진실이 아니다. 그리하여 '이다' '아니다' 둘 다 떠나서 사물을 '있는 그대로' 보는 것을 중도실상(中道實相)이라고 한다. 변견을 떠나서 사물을 있는 그대로 보는 것이 중도요, 그렇게 볼 때 사물의 진실된 모습(實相)을 보는 것이다.

아라한(arhat)

모든 번뇌를 끊고 견성한 소승의 수행자들이 얻는 최고의 지위를 가리킨다. 아라한은 다시는 환생하지 않으므로 생사윤회의 굴레에서 완전히 해탈한 성인이라 부른다.

아사세왕

석가모니 붓다의 후원자였던 마가다국 빔비사라왕의 아들로서 부왕을 감옥에 가두어 굶어 죽게 하고 왕이 된 후 붓다에게 적대적인 제바달다를 지원하였으나 참회하고 부왕처럼 붓다의 강력한 후원자가 되었다.

아상(我相)

'나'라는 생각과 관념. 아상은 금강경에 많이 나오는 것으로 중생상(衆生相)·인상(人相)·수자상(壽者相)과 함께 보살 수행자가 버려야 하는 기본적인 상(相)이다.

업(業 karma)

우리의 생사윤회와 환경 등을 형성하는 모든 의지 작용과 행동을 가리킨다. 우리의 행위는 반드시 결과를 가져온다는 것을 인과응보(因果應報)라고 하고 그것은 행위자의 책임이란 뜻으로 자업자득(自業自得)이라고 한다.

여래(如來)

붓다의 열 가지 호칭의 하나로서 사물의 실상을 있는 그대로 알고 깨친 분이며 항상 우리 곁에 와 있는 분.

연각승(緣覺乘 Pratyekabuddhayana)

부처님이 설한 연기법(緣起法)을 홀로 명상의 수행을 통하여 깨친 소승의 수행자를 가리킨다. 세상의 모든 현상은 인연에 의하여 생기고 인연이 다하면 소멸한다는 진리를 깨치는 것이다.

열반(Nirvana)

범어 '니르바나'를 음역한 것을 열반이라 하는데 뜻으로는 번뇌, 망상, 헛된 욕망과 고통이 모두 소멸하여 마음이 고요하고[寂滅] 평화롭고 행복한 상태를 가리킨다.

초기 불교에서 열반은 생사(Samsara)에 대한 반대 개념으로 사용되었다. 우리가 사는 이 상대세계는 생과 사[生死]가 반복되는 고통의 세계라고 하여 생사계라 한다.

수행자가 수행을 깊게 하여 탐욕 · 미움 · 미망 등 모든 번뇌 망상을 그 마음에서 다 제거하면 생사계의 고통에서 해탈하여 열반을 얻게 된다. 따라서 열반은 생사윤회의 종료를 의미한다. 열반에는 유여열반(有餘涅槃)과 무여열반(無餘涅槃)이 있다. 유여열반은 모든 번뇌의 불꽃이 소멸한 것을 말한다. 유여열반을 얻은 사람은 새로운 업(業)은 짓지 않지만 과거에 지은 업의 과보는 계속 받는다고 한다. 그에 비하여 무여열반은 사람을 구성하는 모든 육체적 정신적 요소들의 활동이 완전히 멈춘 상태를 가리키며 따라서 모든 업의 영향에서 완전히 벗어나게 된다.

흔히 깨친 이가 돌아가시는 것을 반열반(Parinirvana) 또는 그냥 열반이라고 하는데 무여열반에 속한다.

열반은 상대 세계를 떠난 절대 세계를 의미하므로 언어로서 표현할 수 없는 것이다. 대승불교에 들어와서는 생사와 열반을 대립적으로 보는 소승의 입장을 버리고 생사와 열반이 둘이 아니라고 본다. 모든 상이 소멸하고 시비 분별하는 마음을 극복하고 보면 생사의 이 세계가 곧 지복(至福)의 열반의 세계라고 한다. 소승이 추구하는 열반은 자기 자신의 해탈만을 생각하고 얻은 열반이므로 불완전한 열반이라 하고 고통받는 중생들의 해탈을 수행의 주목적으로 하여 깨쳐 얻은 대승의 열반을 완전한 열반이라고 한다.

영산회상

붓다께서 인도의 영취산(기사굴산)에서 법화경을 설할 때의 법회를 말함.

우담바라 꽃

삼천 년 만에 한 번 피는 꽃이라 하여 아주 희유한 것, 보기 드문 것을 나타내는 비유로 많이 사용된다.

유식파(唯識派 citta-matra)

모든 것은 마음일 뿐이라는 유가행파를 가리킨다. 모든 현상의 근원이 마음에 있음을 명상을 통하여 경험하는 것이다. 우리가 경험하는 모든 것은 심층의 마음인 아뢰야식이 만들어 내는 것이므로 수행을 깊게 하여 모든 번뇌를 제거하고 아뢰야식에 일대전환이 일어나야 모든 현상의 진실된 모습을 있는 그대로 보게 된다고 한다.

유학 무학(有學無學)

학무학이라고도 하는데 유학은 아직 더 배울 것이 남아 있는 수행자를 가리키고 무학은 배울 것이 더 없는 수행자를 말한다. 소승에서는 아라한은 무학, 그 이하의 수행자는 유학이라 하고 대승에서는 10지까지의 보살이 유학이고 깨친 붓다가 되어야 무학이라 한다.

육계(肉髻)

붓다의 머리 정수리에 솟은 상투 모양의 근육.

육근(六根)

대상을 인지하고 인식하는 데 사용되는 여섯 가지 기관인 눈·귀·코·혀·몸· 그리고 보통의 마음[意].

육바라밀(Parmitta)

보살의 여섯 가지 수행 덕목을 가리킨다. 보시·지계·인욕·정진·선정·지혜가 그것이다.

응공(應供)
붓다의 열 가지 호칭 중의 하나로 무상의 깨침을 얻어 모든 사람과 존재들로부터 공경을 받을 분이란 뜻.

정변지(正遍知)
붓다의 열 가지 호칭의 하나로서 상대 세계와 절대 세계의 모든 것을 아는 분이란 뜻.

제8 아뢰야식(alaya-vijnana)
우리 마음의 가장 심층에 있는 무의식의 마음을 말한다. 우리의 생각, 행동, 말 등의 모든 활동의 결과가 그 심층의 마음에 씨앗으로 저장된다고 하여 일명 장식(藏識)이라고도 한다.

조어장부(調御丈夫)
붓다의 열 가지 호칭의 하나로 대자대비로써 사람들을 잘 조복하여 인도하는 분.

족첸(Dzogchen)
대완(大完)을 가리키는 것으로 마음의 본원적 순수성을 알고 깨치는 티베트 최고의 수행법.

진여(眞如 Tathata)
절대적 진리. 있는 그대로의 궁극적 실상.

진여 자성(眞如自性)

사물의 있는 그대로의 절대적 본성. 진여의 본성.

천인사(天人師)

붓다의 열 가지 호칭의 하나로 하늘의 존재와 사람 모두의 스승.

초선(初禪)

지관의 명상에서 처음 단계의 삼매. 수행자가 감각적 대상과 오염된 마음에서 벗어나 초선의 삼매에 들어가면 즐거움으로 충만한다. 그러나 아직 생각과 번뇌 망상은 남아 있다.

수행자가 명상을 계속하여 생각과 번뇌 망상을 멈추고 적정하고 집중된 마음을 성취하면 이선(二禪)에 이르고 계속하여 아주 고요하고 집중된 마음의 삼선(三禪), 그리고 즐거움과 괴로움을 초월한 평등하고 깨어 있는 마음의 사선(四禪)에 이른다.

수행자가 계속하여 모든 감각적 인식을 초월하여 차례로 다섯 번째의 공무변처(空無邊處), 여섯 번째의 식무변처(識無邊處), 일곱 번째의 무소유처(無所有處), 여덟 번째의 인식이 있지도 않고 없지도 않은 비상비비상처(非想非非想處)에 이른다. 이러한 수행의 단계를 다 지나야 모든 느낌과 인식과 생각이 사라진 멸진정(滅盡定)에 도달한다.

화두(話頭)

공안(公案)이라고도 한다. 선수행자가 의식을 집중하여 마음의 본성을 보고[見性] 깨치려고 수행할 때 사용하는 어떤 말이나 문장을 가리킨다. 어떤 수행자가 조주스님에게, "개도 불성이 있습니까?" 하고 물었는데 조주가 "무(無)." 하고 대답했다고 한다. 붓다는 모든 중생이 다 불성이 있다고 했는데 조주는 "없다."고 대답했으니 매우 궁금하지 않을 수 없다. 그래서 이것이 무자(無字) 화두가 되었다. 수행자들이 왜 무라고 했을까 하고 의심 참구하는 것을 무자 화두를 든다고 한다. 왜 무라고 했을까 하고 이 생각 저 생각하는 것이 화두를 드는 것 아니고 오히려 '무'라는 것에 모든 의식과 마음을 집중하여 그의 마음에서 모든 생각과 번뇌를 제거하여 그 마음의 본성에 다가가는 것이라 할 수 있다. 또 어떤 사람이, "불법의 대의가 무엇입니까?" 하고 물었는데 조주는, "앞 이빨에 털이 났다." 하고 대답했다고 한다. 이것도 한문으로 판치생모(板齒生毛)라는 화두이다.